Holly Park(박혜경) 신앙에세이

# 은혜에 흐르는 기적

소소21

### 은혜에 흐르는 기적

할리 박 신앙에세이

1판 1쇄 인쇄/ 2022년 9월 10일
1판 1쇄 발행/ 2022년 9월 15일

지은이 / 할리 박
펴낸이 / 우희정
펴낸곳 / 도서출판 소소리

등록 / 제300-2007-21호
주소 03073 서울 종로구 성균관로5길 39-16
전화 / 765-5663, 010-4265-5663
e-mail : sosori39@hanmail.net

값 13,000원

*잘못된 책은 바꿔드립니다.

ISBN 979-11-5891-173-7  03810

# 은혜에 흐르는 기적

Holly Park(박혜경) 신앙에세이

책을 내면서

## 내 삶에 역사하신 주의 놀라운 은혜

　이른 아침잠에서 눈을 뜨면 맞은편 벽에 십자가의 기도의 손, 그리고 주님 품안에 안겨 눈물을 흘리는 죄인인 나의 모습 같은 성화 판화를 봅니다. 절망의 죽음이란 길목에서 18세 소녀인 내게 오셔서 한평생을 주의 은혜와 기적으로 인도하신 나의 생명의 하나님께 감사를 드립니다.
　아침 7시 하나님과의 묵상의 시간과 주님과 교제하는 이 한 시간이 내겐 가장 즐겁고 기쁜 하루의 시작입니다.
　인생에 다가오는 고난과 환란의 순례길은 주님 십자가의 길로 가는 연단이었고 세상에 속한 즐거움과 헛된 영광을 구하지 않고 하늘나라를 소망하여 나와 동행하시는 신실한 하나님을 의지함으로 은혜 안에 거하는 축복의 길이기도 했습니다.
　그리고 내 안에 성령의 긍휼함을 주셔서 병들고 가난하며 고통당하는 이웃의 아픔이 내 것이 되어져 그들에게 다가가 도우며 나누는 섬기는 길로 인도하셨습니다.
　이제 인생의 고뇌의 짐과 남편의 십자가를 내려놓으니 이때부터 주님은 내게 강권하시기 시작했습니다.

"내가 너를 세워 나의 능력을 보였음은 내 이름을 만민에게 증거함이라."(출애굽기 9장 16절)

네가 많은 은혜와 기적을 체험하였음에 나를 증거하고 영광을 돌리라!

주님, 나는 조국을 떠난 지 50년이 넘고 한국말 표현이 어눌하며 글 쓰는 작가도 아닌데…. 주님, 순종하오니 주님께서 내가 증거할 수 있게 지혜를 주세요.

평생의 여정을 어디서 어떻게 시작할 수가 없어 기도를 하고 올 1월 2일부터 예배 후 2~3시간씩 펜을 드니 내 삶의 순간순간이 하나씩 주제를 갖고 마치 실타래에서 실이 풀리듯 하였습니다. 마치 주의 손이 내 손의 펜을 잡으신 것같이 주가 베푸신 놀라운 기적과 은혜들을 3개월 만에 다 서술할 수 있었습니다.

나를 부르시고 수많은 고난과 질병의 고통 가운데 함께하신 사랑의 하나님을 온전히 의지합니다. 나를 향한 하나님 계획대로 동행하신 생명의 하나님께 감사와 영광을 돌립니다.

"하나님이 사랑하는 자, 곧 그 뜻대로 부르심을 입은 자들에게는 모든 것이 협력하여 선을 이루신다."(로마서 8장 28절)

저의 졸필과 혹시 중복되는 대목과 여기 나오는 인물들을 익명으로 함에 양해 바랍니다. 표지 판화를 허락하신 윤문선 목사님께 감사드립니다.

2022년 9월

할리 박(Holly Park)

### 추천의 말

## 하나님과 동행해온 신앙고백서

**황 인 철**
(전 아름다운교회, 현 훌러톤장로교회 담임목사)

이 책은 인생에 황혼이 깃든 한 신앙인의 인생 여정이 들어 있는 자서전적 에세이입니다.

내가 알고 있는 저자 모습 그대로 저자의 꾸밈없는 솔직함이 여실히 드러나 있습니다.

저자의 생애는 결코 평탄하지만은 않았습니다. 한 편의 드라마 같은 파란만장한 삶을 살아왔습니다.

그 여정 속에는 하나님을 신뢰하는 자의 기도 응답의 확신이 있고, 절대적 평화가 있고, 원숙해진 인격과 소박한 소원이 들어있습니다. 결국 이 책은 일생 하나님과 동행해온 신앙고백서입니다.

하나님과 동행하는 삶의 충만함과 감격, 이 책이 내게 준 선물입니다.

추천의 말

## 기적과 사랑을 진솔하게 담아낸 글

윤 문 선
(참좋은교회 목사)

이 책을 읽는 모든 사람들은 하나님의 사랑을 깨닫게 될 것이다. 박혜경 권사님은 하나님을 사랑하고 뭇 영혼들을 사랑하는 분이시다. 그리고 하나님의 교회와 자선사업에 한평생을 바치셨다.

저자의 가족사랑은 감동적이다. 이 책은 고난 중에 태어났다.

저자는 짧은 인생동안 경험한 것을 묻어두지 않고 책으로 내서 많은 사람에게 하나님의 사랑을 전하고자 이 책을 썼다. 쉽지 않은 결단이다.

이 책은 저자가 하나님을 만나고 신뢰한 삶을 통해 일어난 기적과 사랑으로 진솔하게 담아낸 글이다. 미주 한인동포뿐 아니라 팬데믹 시대에 고통 하는 모든 이웃들이 이 책을 읽기를 추천 드린다. 그리하여 한 영혼이 예수께 돌아와 삶의 희망과 따뜻한 도전이 되기를 기도한다.

추천의 말

## 한 권의 책에 담긴 감동

박 성 원
(목사 · 더 나눔하우스 대표)

　'네 이웃을 네 자신과 같이 사랑하라'는 말씀에 깊이 순종하시는 저자 할리 박 권사님은 이민생활에 열심히 전문적 일을 하시면서 근검절약의 삶을 사셨습니다. 기도와 재정적으로 지구촌에 헌신하는 선교사님들의 사역에 동역하며 교회 건축에 도움을 주었고 해외에 주리고 헐벗은 어린이들에게도 하나님의 긍휼의 마음을 갖고 사랑 나눔을 실천하여 보내는 선교사이십니다.

　얼마 전 뉴욕한인 노숙자들의 보금자리 마련을 위해 박 권사님은 30만 달러를 기쁜 마음으로 후원해 주셨습니다. 그런데 귀한 30만 달러의 후원금보다 이분의 주님을 향한 뜨거운 열정과 헌신하는 삶이 더 가치를 지녔음을 알게 되었습니다. 그 삶의 기록인 이 책은 단순히 쓴 것이 아니라 평생 써내려간,

주님의 역사임을 깨달았습니다.

머리로 쓴 수십 권의 책보다, 매우 소중한 글입니다. 이 글을 읽으면서 나는 큰 감동을 받았기에 이 책이 널리 읽혀지면 좋겠습니다.

▷ 차 례
▷ 책을 내면서

▷ 추천의 말 ‖황인철 · 윤문선 · 박성원

# 1. 가난한 조국에서 미국으로

이 죄인이 무엇이관대 —·20
내 몸은 하나님 성령의 전 —·22
메디컬 센터 간호대 입학 —·28
결혼과 출산 —·32
6·25전쟁의 기억들 —·36

# 2. 성령의 은사들

뉴욕 파크웨이 유대인 병원 —·42
언니의 전도 열매 —·51
기도와 전도의 열매 —·55
치유의 기적들 —·58
교통사고와 수호천사 —·67
하늘에 닿은 계단 —·72
사탄의 공격 —·74
빨간 불기둥들 —·79
제니의 거식증 완쾌 —·84

## 3. 간호사에서 부동산 중개인 전업

새로운 도전 ― · 96
디스크 첫 척추수술 ― · 105
성령수술 ― · 110
양로원 방문과 장애우 봉사 ― · 115
멕시코 르와니아 교회 건축 ― · 120
10명 아동의 후원자 ― · 126
나눔하우스 셸터 기부 ― · 133
2001년 아름다운교회 등록 ― · 137
우크라이나 선교지 ― · 140
사랑하는 권사님께 올립니다 ― · 146
아름다운교회 성전 건축과 비전센터 ― · 148
켈러 윌리엄스 랜드마크 창업 ― · 151

## 4. 에디의 장학재단과 요셉의 창고

천국 간 에디에게 보내는 편지 ― · 160
사랑하는 엄마에게 ― · 166
사랑하는 나의 아들 에디에게 ― · 168
나 없이 내일이 시작될 때 ― · 171

에디 친구의 조사 ― · 175
코넬 수의과 에디장학재단 ― · 178
영매 안나와의 만남 ― · 182
두 번째 디스크 수술과 근사체험 ― · 189
하나님의 징벌 ― · 192
비트리스 정의 죽음 ― · 196
어머니, 너싱홈과 소천 ― · 200
남편의 구원과 소천 ― · 210
배신과 용서 ― · 217
요셉의 창고 ― · 223
나와 동행하시는 하나님 ― · 231
조카 제임스 ― · 239

## 5. 교회 나눔지 게재 글모음

새해의 기도 ― · 248
십일조의 축복 ― · 251
마리아의 옥합 ― · 254
어머니의 기도 ― · 258

# 1.
## 가난한 조국에서 미국으로

## 이 죄인이 무엇이관대

이 죄인이 무엇이관대

주님, 이 죄인이 누구이관대 …
내 죄를 대신 하여 십자가 형틀에
피와 물을 쏟으셨는지요

주님, 드릴 것 없는 공로 없는 이 종이 누구이관대
구원의 옷으로 영생의 참소망으로
인도하시며 축복하시는지요

주님! 선한 것 없고 믿음 없는 이 종이 무엇이 관대
한없는 주님의 사랑과 자비로, 참생명으로
주의 크신 은총으로 날마다 인도하시는지요

그런데 나, 이 죄인은
주님보다 세상을 더 사랑하며
가롯 유다처럼 주님을 날마다 배반합니다

그런데, 나는 …
성급한 베드로처럼 주님을 부인하며
의심 많은 도마같이 작은 시험에도 넘어집니다

그런데 나는 …
생명의 좁은 문을 외면하고
세상의 넓은 문으로 가며
복음 전도엔 용기없는 한심한 겁장입니다

그런데 나는 …
이웃 사랑엔 무정하며 불우이웃엔 인색하며
주의 일과 섬김, 봉사엔 손발이 더딘
게으름장입니다

그렇지만 사랑하는 나의 하나님
내 죄악과 허물 주님의 피로 정케 하시고
이 못난 이 모습 이대로 받아주심 감사합니다

사랑의 나의 예수님,
내 삶의 뜨락에 그리스도의 사랑과 빛을 비추도록
주님 은총의 손길로 날마다 새롭게 인도하여 주옵소서

## 내 몸은 하나님 성령의 전

고등학교 졸업반인 나는 의사가 되고 싶었다. 가난하고 병든 이들을 고쳐주는 선한 의사, 하얀 가운 차림 의사에의 열망으로 S대 의대를 목표로 입시준비를 하였다.

아침 6시에 도시락 2개를 가방에 넣고 학교에 갔고 수업시간 전에 도서실에서 공부를 하였다. 수업이 끝난 후에는 절친 S와 영어, 수학 학원으로 갔고 학원이 끝나면 다시 대학 도서관으로 가서 밤 11시까지 입시공부에 전력을 다하였다.

집에서는 제대로 누워 자지도 못했고 하루 세 시간 이상을 자지 않고 입시준비에 전념했다.

서울 삼선동에 살던 내 나이 네 살 때 6·25가 터졌다. 전쟁을 하는 군인들이 입을 군복이 가장 필요할 때였고 아버지는 부산 육군 피복창에 근무하시느라 먼저 피난을 가셨다. 아버지는 군복 책임자로서 재단도 하신 것 같다.

당시 외할머니와 어머니, 딸 셋인 우리 다섯 명의 가족도 부산으로 내려가야 했다. 바람이 매섭던 한겨울 밤에 얼어붙은 한강을 도강하던 기억이 생생하다. 어머니는 한 살 된 동생을 업고 할머니는 네 살 된 나를 업었다. 일곱 살이던 언니는 솥과 식기를 싼 연두색 나이롱 보자기를 어깨에서부터 허리에 둘러메고 어머니 손을 잡았다.

워낙 많은 피난민이 몰린 탓에 잠시만 한눈을 팔아도 가족을 잊어버리기 일쑤였다. 할머니와 나는 어머니와 언니를 놓치고 말았다. 더 이상 피난 갈 엄두를 못 내고 할머니는 어린 나와 수원에 머물렀다.

2년간 가족과 헤어져 살고 있는데 아버지가 물어 물어서 나를 찾아왔다. 아버지는 수원에 있는 할머니와 나를 데리고 어머니, 언니, 동생이 살고 있는 부산 수영동 집으로 갔다.

어머니는 부산에서 넷째를 출산하였는데 또 딸이었다. 딸만 넷을 내리 낳고 아들을 낳지 못한 어머니의 한과 아픔은 날로 커져갔는데 아버지는 그 핑계로 젊은 여자와 살림을 차렸다.

내가 여덟 살이 되던 해에 어머니는 고모, 이모들이 모두 사는 미아리에 집을 샀고 외할머니와 딸 넷과 서울로 돌아왔다.

아버지는 여전히 피복창에 근무하며 부산에서 딴 살림을 사셨다. 아버지는 한 달에 한번 정도 서울로 오셔서 2~3일을 묵으셨고 생활비도 충족치는 않지만 매달 보내주셨다. 이렇게 우리는 아버지 없는 결손가정이 되었다. 송금이 더딜 때에는 끼니가 어려울 때도 있었다.

천신만고 끝에 어머니는 서울로 온 후 임신을 하여 막냇동생 아들을 낳았다. 아홉 살이었던 나는 그 동생을 많이 업어주고 귀여워했다.

첫째인 언니는 키가 크고 뛰어난 미인인지라 아버지는 제일 큰 사랑을 주셨다. 나는 5남매 중에 머리가 제일 좋고 공부도 잘 하였지만 바른말 한다고 눈 밖에 나 있었다. 언니는 집과 가까운 삼선동 성신초등학교로 갔으나 나는 정원 초과로 가지 못했다. 그래서 걸어서 반시간도 더 걸리는 변두리 수유리의 작은 초등학교로 가야 했다.

공부를 잘한 나는 학비가 면제되는 공립학교 창덕여중고에 무시험 합격이 되었다. 그리고 6년 동안 근 한 시간, 왕복 2시간 걸리는 통학을 했다.

전쟁은 끝났고 군복 생산이 줄어들자 아버지는 피복창을 그만 두셨다. 서울로 오신 뒤에도 딴살림을 차리고 종로에 양복점을 열었다.

미아리집에 살던 시절, 집에서 서너 블록 떨어진 산등성이에 자그마한 황토벽으로 된 장로교회가 있었다. 매일 새벽 4시에 새벽종이 울렸다. 우리 모두 그 종소리를 들으면서 잠에서 깨어났다. 여명이 밝아오는 시각, 식구들이 나란히 누워서 함께 듣는 첫 번째 소리였다.

한밤중에도 라디오로 찬송가와 잠언을 낭독하는 기독교 방송을 같이 누워서 듣곤 하였다. 언니와 나는 주일날 아침 그 교회를 찾아갔다. 예배당에 첫발을 디딘 그날, 성경 말씀과 첫 찬송을 잊을 수가 없다.

"하나님이 이 세상을 이처럼 사랑하사 독생자를 주셨으니 이는 저를 믿는 자는 멸망하지 않고 영생을 얻으리라."(요한복음 3:16)

"하나님이 그 아들을 세상에 보내신 것은 세상을 심판하려 하심이 아니요 그로 말미암아 세상이 구원을 받게 하려 하심이라."

이 복음의 찬송은 내 일생을 통해 태산처럼 몰아닥치는 험곡을 넘을 때마다 가슴을 쳤다. 이는 내게 임하는 진리요 은혜의 찬송이었다.

중학교 2학년 때 기독교 신자인 여자 교장선생님의 영향으로 우리 기독모임은 이화여자대학에서 열리는 외국 선교사 부흥집회에 참석했다. 그때 그 부흥사에게서 세례를 받았다. 세례의 신앙적 의미도 모르는 채였다.

당시 아버지는 어머니와 이혼 후 우리 자매들과 제기동에 살았고 어머니는 미아리 집을 처분한 뒤 막내아들과 고모집에서 살았다. 제기동집 아래채에 교회에 다니는 할머니와 학생이 세를 살았다. 그 권사님 권유로 염천동에 있는 염천교회 학생 예배에 참석하였다.

그런데 대학 입시를 얼마 앞둔 어느 날, 아버지는 "형편이 안 되니 대학을 못 보내겠다."고 하셨다. 지금처럼 학교에 장학금이 있던 때도 아니었고 60년대 후반에 대학에 진학하는 졸업생은 반도 안 되던 시기였다. 공부를 계속 하고 싶었던 나는 너무 큰 충격을 받았다.

아버지의 통고로 대학진학이 무산된 나는 더 이상 살고 싶지 않았다. 문학소녀이던 나는 허무주의가 밀려왔다. 삶의 의미가 없었고 살아갈 용기도 없었다. 나날이 깊어지는 좌절과 우울증으로 나는 죽고 싶다는 생각밖에 들지 않았다.

'한강다리에서 뛰어내리자.'

그 생각뿐이었고 드디어 마음을 굳혔다.

주일날 아침, 나는 교복을 깨끗하고 단정하게 차려입고 집을 나섰다. 제기동에서 버스를 타고 서울역을 지나면 다음 정거장에 내가 다니는 교회가 있었다. 그 교회를 지나면 한강으로 갈 수 있었다.

"오늘, 한강으로 가자."

그날 아침, 나는 한강을 갈 수 없었다. 매일 다니던 습관대로 교회 앞에 내려버렸다. 다음 주일에도 마찬가지였다. 매주 아침 집을 나설 때마다 굳게 결심하지만 번번이 교회 앞에 내리는 일이 2주일 동안 반복되었다.

세 번째 주일에는 정신을 똑바로 차리고 버스가 염천동을 지나야 한다고 몇 번이고 다짐을 했다. 그러나 세 번째 주일에도 버스가 교회 앞에 서자 나는 하차하고 말았다.

나는 나를 몹시 꾸짖었다. 70여 미터 거리인 교회로 가는 언덕을 오르면서 나는 내가 참으로 한심했다. 결단력이 없는 나의 행위에 구박을 하면서 학생 예배실로 올라가 털썩 주저앉 았다.

이날도 한 열 명 정도 되는 학생들이 예배를 보고 이집사님이 설교를 하셨다. 그러나 나는 세 번째 주에도 한강다리를 못 가버린 자신이 한심스러워서 이집사님 말이 귀에 들어오지 않았다.

갑자기 이집사가 팔을 들어 나를 가리키는 순간 벽돌로 머리를 맞은 것처럼 강한 하나님 음성이 위에서 내 머리를 때렸다.

"너의 몸은 하나님이 거하는 성전의 전이다. 네 몸은 네 몸이 아니다."(고린도전서 3:16)

나는 정신을 잃었다가 얼마 후 깨어났다. 이집사는 그냥 그대로 설교를 하고 있었다.

하나님의 성령이 성도들 가운데 거하시므로 성도들 자체가 하나님의 성전이요, 예수 그리스도와 한 몸을 이룬 성도 개개인은 하나님 것이며 하나님의 영이 거하시는 처소가 되는 것이다.

그때 그렇게, 성령이 내게 내려왔다. 대학진학의 좌절로 인한 절망 가운데서 나의 삶을 포기하려고 계획하던 그때, 주님은 이 비천한 여종인 나를 찾아오셨다.

진리의 말씀으로 나를 부르시고 하나님의 자녀로 받아들이셨다. 그리하여 평생 광야 같은 나의 삶 속에 사랑과 은혜의 기적들을 보이며 생명의 길로 인도하셨다.

## 메디컬 센터 간호대 입학

주님의 음성으로 하나님을 만난 얼마 후 주님은 진학의 길로 나를 인도하셨다. 내 앞에 문이 닫혀 절망으로 떨어질 때마다 하나님은 또 하나의 문을 열어주셔서 나를 인도하신 일의 시작이라 할 수 있다.

1958년 스웨덴, 노르웨이, 덴마크 등 스칸디나비아 3국의 자원으로 세워진 국립중앙의료원, 즉 메디컬센터(NMC, National Medical Center)가 그 문이었다. 한국전쟁 이후 한국의 경제 부흥과 재건을 위해 설립된 운크라(UNKRA, 국제연합한국재건단)가 1955년 11월 한국의 메디컬센터로서 국립중앙의료원 설립을 결정한 것이다. 스칸디나비아 의료진이 이곳에 근무하며 의술을 통한 국가간 교류가 이뤄졌다.

메디컬센터 간호대학은 보건부 산하 국비 장학생 자격으로 3년간의 재학기간 동안 학비, 기숙사, 식사까지 모든 것이 제공되었다. 졸업 후에는 5급 공무원으로 인정받았고 병상 근무 3

년을 마치면 미국 취업의 길도 열려있었다. 형편이 어려워 대학 진학을 못하는 각 고등학교 우등생들은 모두 응시하는 것 같았다. 정원은 겨우 26명.

나는 필기시험과 영어 인터뷰를 하고 몇 십대 일의 치열한 경쟁을 뚫고 합격이 되었다. 내 앞에 전개되려던 어두운 미래를 젖히고 새로운 희망의 길로 들어선 것이다.

60년대 가난하기 짝이 없던 우리 조국, 변변한 종합병원이 없던 시절에 이곳은 별세계였다. 최신식 시설을 갖춘 유럽식 병원. 모든 과의 의사와 수간호사들은 유럽인이었다. 키가 크고 하얀 피부에다 금발과 파란 눈을 지닌 사람들. 과장의 환자 회진이나 병상 간호사들의 리포트는 모두 영어로 행해졌다.

7층 병원 건물 뒤의 북유럽 타운하우스 유형의 건축물은 스칸디나비아 3국에서 온 의사와 간호사들 숙소로 마치 외국 잡지에서 보는 풍경 같았다. 잘 정돈되어 아름답게 꾸며진 정원이 보이는 카페테리아도 있었다. 을지로 5가에 위치한 메디컬 센터는 복잡한 도시 한가운데서 평화를 맛보는 쉼터 같은 곳이었다.

처음으로 가족을 떠나 혼자 간호학교에 들어간 나는 두렵거나 외롭다기보다는 새로운 미래로 간다고 생각하니 숨통이 트이는 것 같았다. 새로운 환경에 금방 적응되어 갔다.

학생 기숙사에는 80여 명이 있는데 한 방에 2층 침대가 세 개 있어 6명이 한 조가 되었다. 1층 응접실은 면회와 휴식의 장소였다. 이곳은 가족들과 친구들이 방문하는 곳이기도 하고 학생들이 모여 하하 호호 웃으며 즐거운 시간을 보내는 곳이기도 했다. 한창 젊은 날 추억의 장소로 내 머리에 늘 남아있는 곳이다.

오전 8시에 아침 식사를 하고 12시까지 인문과 메디컬 수업을 마치면 점심 식사 후에는 2명씩 배당된 병동으로 가서 오후 3시 30분까지 임상실습을 하였다. 학교에서 공부와 실습을 하면서 저녁에는 부흥 집회에 자주 갔다.

기숙사는 10시면 소등 시간이었고 엄한 사감선생이 방마다 다니면서 체크를 했다. 부흥회를 가자면 몰래 방을 빠져나와야 했다. 침대에 베개 두 개를 고여 놓고 다녀오기도 했고 때로 2층 창문 밖으로 동급생들이 침대 시트 끈을 매어 내려주면 그 끈을 타고 몰래 몰래 방으로 들어오기도 했다. 사감선생에게 걸려 혼날 까봐 가슴이 두근거리긴 했어도 성령을 받은 후라 나는 부흥회에 대한 감동과 흥분이 더욱 컸다. 나의 신앙심은 날로 성장해 갔다.

방학 때가 되면 담요를 싸들고 서울 근교 기도원으로 들어갔다. 바위에 엎드려 이슬을 맞으며 기도를 하였다. 그때 병리사 기사인 미스터 리하고 친구 K, 이렇게 세 사람이 수요일 저녁이면 각 병동으로 가서 환자들을 위한 찬양을 불렀다.

미스터 리는 방광암 말기로 회복 불가능 진단을 받은 적이 있었다. 그는 작은 골방에 들어가 금식하며 하나님께 부르짖으며 치유의 능력을 내려주시기를 기도했다고 한다. 3일째 되던

날, 창문으로 들어온 불성경을 받아 말기암에서 완전히 치유 받은 그는 그야말로 성령 충만한 신자였다.

주일이면 염천교회 대예배에 나갔고 언니와 소프라노 찬양에 봉사했다. 갓 20세에 시작한 이 찬양은 평생 계속하고 있다. 50년 이상 찬양에 소명을 갖고 지금까지 내가 섬기는 롱아일랜드 아름다운교회에서 헌신하고 있다. 주님나라 갈 때까지 찬양할 수 있게 영육간 강건함을 구하면서 말이다.

보건부 산하인 메디컬센터는 1970년 9회 졸업생으로 모교 교수이자 학장이던 송지호 박사의 강력한 협상과 추진, 모교에 대한 극진한 사랑에 힘입어 2007년 성신여대로 통폐합이 되었다. 이로써 메디컬센터 간호대학은 47회 졸업생을 마지막으로 역사 속으로 사라졌다.

1968년 메디칼센터 졸업식 때 친구들과

## 결혼과 출산

5남매 중에 나는 키가 작고 몸도 제일 약했다. 통학하는 버스 안에서, 체육시간에 달리기를 하다가, 또 조회시간에 여러 번 졸도를 하고 쓰러졌다.

나중에야 알았지만 혈액을 분류하는 체계 중 하나가 RH형인데 나는 이 중 희귀한 $RHO^-$ 소유자였다. 한국인에게는 1백만 명 중의 한 명일 정도로 드물었다. 만약 수혈이 필요하면 찾기가 힘들다보니 생명이 위험하고 출산도 첫 아이만 가능했다.

RH부적합성은 임산부가 RH음성이고 태아가 RH양성일 때 발생하는데 첫 아이는 태아의 혈액이 임산부 혈액 안에 들어오면 항체가 만들어진다. 그러나 두 번째 임신에서는 RH양성인 태아의 적혈구를 공격하는 것이다. 태아는 적혈구의 파괴로 심한 빈혈에 걸리게 되고 그 상태에서 출생하면 눈과 피부가 노랗게 되고 빈혈 현상이 일어난다.

물론 로감(RHO GAM, 항 RHO(D) 면역글로블린) 주사를 맞으면 이런 현상을 예방할 수 있어 둘째도 가능했으나 당시에는 로감 주사 구하기가 쉽지 않았다. 가격도 무척 비쌌다.

나는 부정맥으로 오는 심장 이상, 빈혈 등 여러 가지 잔병치레를 하다 보니 졸업 후 3년간의 의무 근무를 감당하지 못했다. 그래서 병원을 사직했고 5년간 교제해온 지금의 남편과 결혼을 하였다.

그와의 인연은 대학 입시 공부를 할 때 제기동 집 근처의 K대학 도서관을 이용하면서 시작되었다. 친구와 함께 도서실에 가서 공부를 하다가 밤 11시 도서실이 문을 닫을 때에야 집으로 왔다. K대 생물학 2년생인 그는 자주 도서관에서 공부를 했다. 입시 시험 전에는 내게 생물 관련 공부를 가르쳐 주기도 했다.

NMC 합격 후에 우연히 제기동 버스정거장에서 그를 만났다. 다시 만나게 된 인연으로 세 살 위인 그와 친구처럼 만나다가 연인이 되었다. 그는 나의 첫사랑이었다. 폐암으로 병실에 입원한 그의 아버지를 간호해 드렸는데 아들의 결혼을 못보고 돌아가신 그분은 나를 며느릿감으로 알고 세상을 떠나셨다고 했다.

나는 아버지 복이 없었다. 아버지의 정을 받지 못한 내게 그는 많은 도움과 사랑을 주었다. 내가 메디컬센터를 졸업할 때까지 필요한 용돈을 주었고 여러모로 나를 지원하였다. 결혼에 필요한 모든 경비와 전세방 또한 시댁에서 부담을 하였다. 돌아보면 그 5년간의 모든 도움은 내가 평생 갚아야 할 빚이 되었다.

남편은 늘 아버지나 큰오빠처럼 보호자로써 나를 대하였다. 남편은 세상 끝나는 그날까지 나를 마치 엄한 아비가 자식의 일을 참견하고 간섭하는 관계처럼 대했다. 부부간 대등한 결혼이 아닌 속박과 통제의, 종속적 관계의 결혼생활은 나를 힘들게 만들었다.

연애 때 알지 못하던 성격 차이는 첫 딸을 출산하고 심한 우울증으로 진전되었다. 그는 한국사회의 병폐인 직장인들의 관습으로 매일 밤 술에 취해 귀가하고 주일날도 회사에 출근했다. 수시로 갖는 동료들과의 술자리에 아내의 모든 것을 통제하려 했고 연애 시절 보여준 자상함과 선함은 어디에서도 찾아볼 수 없었다.

23살에 결혼하여 24살 때인 1970년 첫 딸 제니를 낳았다. 출산 후 우울증이 온 나는 매일 딸아이를 안고 멍하니 생각에 빠져들었고 많이 울었다.

'어미로서 준비되지 않았는데, 전세방 살이에, 말단 사원 남편의 적은 봉급으로 딸을 키워야 하고, 이렇게 살아야만 하나, 퇴근 후면 매일 술 마시고 주일이면 아침부터 밖으로 나가는 그의 뒷등만 바라보아야 하나.'

연인들의 사랑은 너무나 빨리 종식되었다. 우리에겐 더 이상 로맨틱한 감정이 남아있지 않은 것 같았다. 20대 중반인 남편과 20대 초반인 우린 남편으로, 아내로, 부모로써 서로 준비가 안 되었던 것이다.

　결혼이 나를 무덤으로 몰아가는 것 같았다. 절망이었다. 좌절이었다. 날로 심해지는 우울증에 나는 딸아이를 안고 매일 울었다. 출산 후 3개월 동안 그랬다.

　이렇게 나의 삶이 끝나기에는, 내 인생을 이대로 용납할 수 없다는 막다른 골목에선 나는 미국으로 갈 결심을 했다.

## 6 · 25전쟁의 기억들

 나는 1946년 가을에 태어났다. 가을은 오곡백과가 무르익는 천고마비의 계절로 먹을 것이 풍성한 계절이다. 9월 15일이 내 생일이라 추석 즈음, 나는 나이를 한 살 더 먹고 맛있는 것도 많이 먹는다.
 그러나 그 어떤 음식보다 외할머니와 피난간 곳에서 지낸 내 생일날 먹은 음식은 잊을 수가 없다.
 내가 네 살 때 6 · 25전쟁이 났고 삼선동에 살던 우리 가족은 피난을 갔다. 어둠이 깔린 12월에 얼어붙은 한강을 걸어 건너는데 멀리서 은은한 포격소리가 들려오고 우리는 마음이 급했다. 당시 여자들은 모두 하얀 광목 치마저고리를 입을 때였다. 포격에 부상당한 것인지 얼음바닥에 주저앉은 여자의 흰 저고리에 피가 묻어 있는 것을 보았다.
 한강을 지나 수원 근처에서 깡보리밥 한술에 반찬은 시커멓게 시어버린 김치를 먹던 일. 언니를 따라 구멍가게로 갔는데 요란한 비행기 소리가 나서 얼른 집 담에 붙어 서서 폭격을 피하던 일이 어제 일처럼 생생하다.

거리에는 피난민 물결이 계속 이어지면서 어머니, 언니, 동생과 헤어진 할머니와 나는 수원 근처에 주저앉았다. 할머니는 먹고 살려고 거리 행상을 하신 것 같다.

어느 날 혼자 낮잠에서 깨어 일어나 보니 할머니가 안계셨다. 어릴 때부터 울보로 유명한 나는 할머니를 부르며 저녁에 들어오실 때까지 엉엉 울었다. 어린 마음에 겁이 나고 무서워 눈이 붓도록 울었다.

그날 이후 할머니는 다리 위에서 행상 하는 곳에 나를 데리고 다녔다. 나는 할머니 옆에 종일 있었고 할머니가 팔고 있는 왕게를 주면 하루 종일 그 게를 먹었었다.

어느 날 아침, 할머니는 김이 무럭무럭 올라오는 하얀 쌀밥, 보기만 해도 입맛이 도는 고기 무국이 놓여있는 상을 들고 방으로 들어오셨다.

"혜경아, 많이 먹으라."

할머니는 눈시울을 적시며 내 앞에 상을 가져다 놓으셨다.

나는 세상에 태어나서 그렇게 맛있는 밥을, 진수성찬을 먹은 것은 처음이었다. 그때가 추석 즈음 다섯 살 생일날이었던 것 같았다. 할머니의 정성으로 지으신 그 생일상은 지금까지 수없이 받아본 생일상보다 맛있고 진귀한 상이다. 어린 나이에 신이 나서, 그렇게 맛있게 먹던 기억은 무국을 먹을 때마다 지금도 나를 눈물짓게 한다.

할머니는 피난길에 어디서 그 어려운 쌀과 고기를 구했던 것인가. 지금 생각해도 불가사의한 일이다. 피난지에서 부모와 떨어진 어린 외손녀에게 맛있는 생일상을 차려 주려고 노인은 얼마나 가슴을 애태웠을 것인지. 지금도 그 노고가 고맙고 눈물겹다.

어머니는 부산 수영동에서 넷째 여아를 분만했다. 어머니는 넷째도 딸이라는 말을 듣자 발로 갓 낳은 아기를 윗목으로 밀어내셨다고 한다. 지금도 넷째는 그때 얘기가 나오면 많이 섭섭해 한다. 한 블록 거리가 바다인지라 어머니는 바다에 가서 빨래를 하면서 많이 우셨다고 한다. 어머니는 아들에 대한 한, 첩살이를 당하면서 가슴에 피멍이 든 세대다.

서울로 올라온 어머니는 고모들이 아들 낳는다고 해준 부적을 저고리 안에 넣고 다녔다. 드디어 오남매의 막내로 아들을 낳았다. 평생의 소원과 한을 푸셨고 우리 집에 큰 경사였다.

나와 각별한 사이인 외할머니는 서울에 같이 올라와 미아리 집에서 돌아가실 때까지 우리와 함께 살았다.

부산에서 2년 동안 살 때 초등학교에 입학했는데 커다란 책가방을 메고 학교에 다녔다. 전쟁 직후이다 보니 부산 지역에 유엔군에 참가했거나 유엔 관련 일을 하는 외국인들을 많이 볼 수 있었다. 길에서 흑인 병사를 만나고는 골목 끝으로 도망가서 무서워서 울기도 했다.

아버지가 내게 수영을 가르쳐준다고 바닷물 속에 나를 집어 넣자 마치 빠져죽을 것 같은 공포가 닥쳐왔다. 얼마나 무서웠던지 평생 수영을 배울 엄두도 못 내고 바닷가 여행은 지금도 흥미가 없다.

뒷동산 우물가에는 늘 만나서 함께 놀던 소꿉친구도 있었다. 서울에 오면서 잊지 말자고 서로 손 끝에 짚으로 매기도 했었는데, 지금은 이름도 기억나지 않는다.

서울에 올라와서는 수유리의 작은 학교에 다녔다. 이곳에서 2년간 사는 동안 나는 경상도 사투리가 심해서 반아이들의 놀림감이 되었다. 방과 후 집으로 돌아오는 30분 동안 짓궂은 남자애들은 내가 사용하는 경상도 사투리를 그대로 따라 하며 놀리고 괴롭혔다.

우리 아버지, 머리가 좋고 다정다감한 성격이어선지 늘 여자들이 따랐다. 한 번은 길에서 만난 어린 여자아이가 고아라서 불쌍하다고 집으로 데려오셨다. 우리들은 수영 언니라고 불렀다. 학교는 다니지 못했지만 혼자 자립할 수 있을 때까지 우리 집에서 함께 형제처럼 자랐다.

아버지는 살림을 차린 여자와의 사이에 이복 남동생을 낳았는데 어릴 때 본 기억밖에는 없다.

전쟁 이후 한국인의 삶은 가난 그 자체였다. 보통 가정에서도 하루 세 끼 다 챙겨먹기가 어려웠다. 우리는 그나마 겨우 입에 풀칠을 할 정도였는데 매일 끼니때가 되면 전쟁고아들이 밥을 얻으러 왔다. 때가 시커멓게 묻은 얼굴에 다 해어져 너덜너덜한 옷을 입고 깡통을 찬 채 구걸을 왔다.

그때 우리의 식사라야 보리밥과 김치, 그것이 다였다. 그것도 우리 식구가 딱 먹을 양인지라 그들에게 나눠줄 밥이 없었다.

나는 동냥을 온 아이들이 깡통을 두들기며 계속 "밥 좀 주시오." 하고 외치는 것을 외면하지 못했다. 내가 먹던 물 말은 밥그릇을 들고 대문간으로 가 그들이 들고 온 깡통에 밥을 부어 주었다. 밥을 나눠주고 충분히 밥을 먹지 못한 나는 조금 후면 배가 고파졌지만 그래도 상관없었다.

동냥 온 거지나 고아뿐 아니라 길에서 만나는 내 또래 고아들이 왜 그리 불쌍한지, 지나쳐가면서 마음이 아팠고 그들 앞을 지나갈 때면 주님께 기도하곤 했다.

"주님, 이다음에 커서 자선사업가가 되어 굶는 고아들을 돕게 해주세요."

"주님, 저들에게 밥을 주세요."

# 2. 성령의 은사들

나의 작은 기도실에 늘 함께하는 성경과 찬송가

## 뉴욕 파크웨이 유대인 병원

나는 스물다섯 살이 되던 1971년 9월말, 뉴욕으로 왔다. 영어 회화반에서 만난 타교 출신 세 명의 간호사와 함께 퀸즈 포레스트 힐에 있는 파크웨이 유대인 병원에 취업비자를 받아서였다.

남편과 어린 아기 제니는 친정어머니 집으로 이사를 했고 나중에 미국에 오기로 했다. 540달러 되는 비행기 티켓값은 월부로 갚기로 계약하고 작은 냄비 하나와 단돈 200달러를 갖고 꿈에도 그리던 뉴욕으로 온 것이다.

당시 포레스트힐은 유대인 부촌으로 크고 멋진 옛날 양식으로 된 집에 담도 없이 운치 있고 조용한 동네였다. 이 전통적 유대인 부자 동네의 고층 아파트에 입주했다. 한 아파트에 우리 네 명의 간호사가 거주했다. 그곳에서 두 블록 거리인 파크웨이 병원에서 오리엔테이션을 받은 후 근무를 시작했다.

그 당시 우리 메디컬센터 간호대학 선배 몇 명이 이미 뉴욕에 와서 일하고 있었다.

거리에서 동양인을 잘 만나지 못할 정도로 한인들도 별로 없었다. 한인들은 주로 유학생들로 5천 명 정도 된다는 통계가 있었다.

맨해튼의 유일한 한국식품점 '삼복'이 있었고 유학생들이 주로 참석하는 뉴욕한인교회가 맨해튼에 있었다. 박목사님이 나와 내 동기 순옥이를 데리고 서너 번 그 교회에 갔었다. 그곳에서 유학 와 있던 테너 박인수를 만났던 기억이 있다.

50년 전 뉴욕의 지하철 요금은 25센트. 원 베드룸 렌트가 월 130달러, 첫 달 내 봉급은 560달러였다. 한국은 그때 GNP(1인당 국민총소득)가 100달러가 채 안되었다.(2021년 한국 GNI는 3만 5,168달러) 어머니께 매달 100달러를 송금하면 생활비와 양육비가 모두 감당이 되었다.

2차 대전 후 산업혁명이 활발히 발달하여 미국, 특히 뉴욕은 마천루 새 고층건물들과 문화시설들이 세계 제일의 도시로 눈이 부실 정도였다. 모든 것이 첨단 시설에 풍요로운 자본과 풍성한 식료품, 무수한 볼거리 등 무엇이든 지천에 넘쳐나는 부유한 도시 뉴욕은 별천지였다.

마치 미국에 온 지 28년 만에 처음으로 한국을 방문하고 놀랐던 그 기분과 유사했다. 성냥갑처럼 가지런히 쌓인 고층 아파트가 즐비한 서울, 첨단 시설들로 발전된 도시는 마치 중학교 때 읽은 소설의 한 대목을 본 것 같았다. 잠을 자다가 깨어 일어나 집으로 돌아오니 마치 도깨비 방망이로 주위 모든 것이 다 변화된 신도시가 되어버렸다는 스토리가 떠올랐다. 러반 윌크 이야기다.

"어떻게 이렇게 변할 수가 있는가."

내가 떠나온 30여 년 전에 본 광화문과 서울역, 그것만 옛 것으로 남아있고 다른 모든 것이 변했고 새로웠었다. 발전한 조국의 모습에 놀랐고 참으로 기뻤었다.

2차 대전 후 유럽에서 미국으로 건너 온 유대인들의 거주지인 파크웨이는 퀸즈에서 가장 부촌이었다. 파크웨이 병동은 거의 모든 의사와 직원, 환자들이 유대인이었다. 우리 네 명은 이곳에 온 첫 동양인 간호사였고 2명의 한인의사가 있었다. 1주일의 오리엔테이션이 끝난 후 우리 넷은 이브닝 근무로 각 병동에 한 명씩 배치되었다. 나는 2층 심장내과 소속이 되었다.

내 이름은 그날부터 '박혜경'이 아닌 '할리 박(Holly Park)'이 되었다. 같은 병동 수간호사(Head Nurse)의 어머니가 미국인들이 쉽게 부를 수 있는 이름으로 지어준 것이다. '은혜'의 의미를 지닌 이 이름은 미국에 사는 내가 평생 쓰는 이름이 되었다.

당시 미국의 첫째 사망률은 심장마비였다. 그것도 70% 이상이 40대 중반의 남성들이었다. 외국인 병원에서 트레이닝을 받고 간호사로 근무한 경력은 병원 시스템이나 환자 간호 지식이나 전문 분야에 있어 별로 어려움을 겪지 않았다. 그러나 일상 생활에서 오는 언어 장벽의 불편함은 한동안 계속 되었다.

한국과는 달리 미국에서 여성 직업으로 간호사와 교사는 최고로 인정받는 전문직이다. 유대인 여성 대부분이 교사였을 때였다.

1973년, 가족과 떨어져 지낸 지 2여 년 만에 남편과 제니가 영주권 비자로 뉴욕에 왔다. 나는 이브닝에서 낮 근무로 바꾸었다. 환자들에게 성실한 간호와 전문지식, 근면함으로, 병원에서 제일 신임 받는 '엑설런트(Excellent)' 간호사로 인정받고 있었다.

1965년 이민법 개정으로 기술 및 전문가 대상 이민의 길이 활짝 열리면서 1970년대 후반 한국 간호사들이 대거 취업이민을 왔다. 안전하고 수준 높은 간호서비스로 주류사회의 신임을 얻었고 한인사회의 뿌리를 내리고 발전시키는데 기여해왔다.

한인 간호사들은 가족, 일가친척을 초청이민으로 80년도에 이민이 급증했다. 나 역시 동생 식구들, 시누이 가족들 그때 모두 17명의 영주권 이민을 시켰고 가족 중 간호사가 있어 미국이민을 오게 되었다는 한인들이 많다. 미국 병원에서 한인 간호사는 일 잘하기로 정평이 나 있었다.

1976년 미국에 와서 함께 살게 된 어머니가 담석으로 병원에 입원을 하게 되었다. 병원 측에서는 내가 어머니를 간호할 수 있게 내 근무 병동인 내과 특실에 입원을 시켜주었다. 더구나 2주간의 입원비와 수술비 전액을 탕감해 주는 특례를 베풀어주었다. 극빈자인 어머니는 이렇게 미국 최고 병원에서 VIP

대접을 받았다.

 6층 외과 병동에서 20년간 수간호사로 근속한 미세스 스타인이 은퇴하게 되었다. 병원장 외과의사 3명은 간호과장에게 나를 그 자리에 강하게 추천했다. 부 수간호사로 있었던 나는 80년 초에 가장 힘들고 어렵다는 유대인 병원의 수간호사가 되었다.

 언어 소통 문제로 한인간호사들은 주로 밤 근무를 할 때였다. 몸은 고되지만 밤 근무는 환자들이 주로 잠을 자는 시간이므로 영어를 많이 사용하지 않아도 되는 점이 있었던 것이다. 이렇게 한인간호사들은 밤 근무를 하는데 왜소한 동양인 간호사인 나는 가장 신임 받는 수간호사가 된 것이다. 나의 일은 더욱 바빠졌다.

 내 스텝들을 대상으로 정기적으로 임상에 필요한 전문 지식과 간호 케어를 가르쳤다. 티칭(teaching) 병원이 아니라 병동에는 하우스 닥터가 주로 응급환자들을 돌볼 때였다.

 프라이빗 병원 제도는 모두 본인의 환자들을 입원시키고 하루에 한 번 정도 환자 내방을 한다. 나는 내 병동의 환자들의 컨디션 변화와 응급 처치 관련 리포트를 파악하여 주치의들에게 알려주는 레지던트 업무까지 감당하다시피 했다.

 이 와중에 나는 공부를 더 했다. 80년 중반에 메디칼센터(3년제)에서 받은 95학점으로 세인트존스 대학에 들어갔다. 3년간 공부(30크레딧 추가)를 한 끝에 대면강의, 통신으로 125학점을 모두 받아 마침내 정신 심리학 학위를 받았다. 졸업장을 받았을 때의 기쁨은 이루 말할 수가 없었다.

이에 90년도부터 모교인 메디컬센터 졸업생들이 뉴욕에서 다시 학위를 받거나 석사 과정을 하는 경우가 많이 늘어나기도 했다.

남편은 미국에 와서 처음에는 잘 적응을 못했다. 한국에서 회사에 다니면서 과장으로 대우받고 직장 동료들과 교제하던 생활과 비교되어서였다. 이민자들은 바닥부터 시작해야 하니 뉴욕의 삶이 어려웠고 다시 한국으로 나갔다. 그러다 6개월 후 다시 도미했다. 맨해튼에 가발 사업이 번창할 때 맨해튼에 가발상을 차렸다.

어머니가 세 살 때까지 키워준 제니는 할머니를 "엄마!"라고 불렀다. 남편 품에 안겨 "엄마한테 가자."고 울고 보채기 일쑤였다. 당연히 나를 엄마라고 부르지도 않았다. 유아기 때 엄마와 헤어진 딸아이는 나를 어미로 받아들이는데 오랜 세월이 걸렸다.

한편, 남편의 가발상은 70년대 흑인들이 가발 구매가 한창일 때라 장사가 잘되었다.

맨해튼 59가 블루밍데일 백화점 앞 블록에 있는 가발상은 연예인 고객이 많았다. 특히 다이애나 로스(Diana Ross)는 자신의 공연 때가 되면 남편에게 제일 앞좌석의 티켓을 선물하곤 했다.

다이애나 로스는 미국의 가수이자 배우로 1970~1980년대 솔로로 맹활약을 했고 1970년에는 영화 '빌리 홀리데이'로 아카데미상과 골든 글로브상을 받기도 했다.

5년 후인 78년에는 퀸즈 프레시 메도우에 침실 4개, 화장실 2.5개인 제법 넓은 집을 7만 8천 달러에 사서 이사를 했다. 지금 그 집 가격은 100만 달러가 넘어간다.

76년도에는 여러 어려운 여건 속에서도 아들 에디를 낳았다. 시집 식구와 남편의 소원대로 아들을 낳았던 것이다. 아들이 세 살 때 천장이 높고 쾌적하고 아름다운 집으로 이사를 한 것이다. 말 그대로 아메리칸 드림을 이룬 것이다.

미국에 빈손으로 와서 남편은 자영업에 성공하고 아내는 전문직에서 잘 나가고. 아들 딸 하나씩 낳고 좋은 집까지 샀으니 말이다.

그러나 모든 사업이 그렇듯이 남편의 비즈니스는 15년이 지나자 가발업은 서서히 사양길로 들어섰다.

65년 맨해튼 브로드웨이 등지에 35개의 가발 수입 및 도매상이 운영되고 있었다. 그런데 75년 이후 서서히 쇠퇴하기 시작했다. 경기침체기가 왔고 가발 사업이 급격히 사양길로 접어들면서 한인들의 주요사업 종목이던 가발상은 잡화상으로 업종을 바꾸기 시작했다. 그러나 우리는 새로 다른 사업으로 바꿀 수 있는 자금도 없었고 다른 도전을 할 엄두를 못 내었다.

파크웨이 병원에서 한 블록 떨어진 유대인 주거 지역에 자그마한 미국 장로교회가 있었다. 처음 미국에 도착하여 입주해 있던 아파트에서 두 블록이라 주일 쉬는 날에는 예배에 참석하곤 했다. 설교를 제대로 알아듣지는 못했지만 가끔 참석을 하다가 가족과 합류하고 이사를 한 후에는 출석을 못했었다. 그런데 한인교회가 그곳에 들어왔다. 어머니와 나는 교회에 격주로 예배를 드릴 수 있었다.

내 나이 30대 후반이 됐을 때 캘리포니아 그레이스 교회 김광신 목사님 초청 부흥집회가 열렸다. 목사님 손이 내 머리에 얹고 안수를 하시는데 방언이 터졌다.

내 죄의 모습이 너무나 무겁게 내 영혼에 비췄다. 나는 눈물 콧물 흘리면서 거의 한 시간을 눈이 붓도록 울었다. 그 후 나의 영혼이 밝아지기 시작하였고 고통당하는 환자에게 기도를 하면 고통이 치유되는 치유의 은사를 받았다.

그리고 간호사들의 형편상 주일에 격주 근무로 인한 성수 주일을 지키지 못하는 것에 대한 갈등이 생기기 시작했다. 그리고 우리 아이들, 두 아이의 대학 학비 능력이 내 월급으로 터무니없이 부족하다는 점에도 생각이 미치었다. 간호사로서 미래의 여정도 우려되었다.

"내가 받은 비극적인 대학진학 좌절은 죽어도 내 자식에게만은 없어야 한다."

나는 아이들이 원하는 대학에 갈 수 있게 하고 싶었다. 그것만은 어미로서 지켜야 할 약속이고 맹세였다.

나는 당시 환자들을 간호하면서 무리가 와서 심한 척추 디스크와 협착 증세로 오는 만성 고통을 겪고 있었다.

이처럼 생명을 다루는 간호 업무의 스트레스, 두 아이의 육아, 남편의 신앙에의 핍박 등으로 20년 이상 위궤양으로 늘 약을 복용하고 있는 중이었다. 가끔씩 부정맥의 발작으로 힘이 들 때면 운전도 하지 말라는 심장내과 전문의의 권고도 있었다. 이러한 권고도, 복용해야할 약도 모두 사양하고 살아오던 나는 정신을 잃고 쓰러질 때도 있었디. 이 모든 여건들이 나를 더욱 하나님 가까이 가게 만들었다.

매일 기도의 자리에 나가야 했다. 나의 눈물을 주님은 한없는 사랑으로 닦아주시고 나와 동행해 주었다. 그때 사탄의 시험과 공격과 악령들의 환상과 또 하나님 영광의 환상들이 나의 영혼에 도전을 해왔다.

## 언니의 전도 열매

　5남매 중 첫째인 언니는 키가 164cm로 늘씬한데다가 어머니를 닮아 쌍꺼풀 진 커다란 눈을 가진 미인이었다. 노래도 어찌나 잘하는지 몰랐다. 고등학교 시절에는 전체 학생을 통솔하는 대대장으로 학생들의 인기를 끌었다.
　여고 졸업 후에 명동에 있는 양장점이나 미용실에 가면 다들 미스 코리아 대회에 출전하라고 권했다. 그러나 아버지는 가장 예뻐하는 큰딸이 미인대회에 나간다니 극구 반대했다. 언니는 그 꿈을 접어야 했다. 대학을 중퇴하고 명동의 한 회사 비서로 일할 때 회사 안이나 거리에서 마주치는 많은 남성의 인기를 한 몸에 받는 것 같았다. 언니에게 '미스 명동'이란 별명이 붙었을 정도였으니깐.
　내 바로 밑의 여동생은 '불란서 인형'이란 별명처럼 서양식 미인이었다. 그러나 둘째인 나는 다른 자매보다 키가 작고 외모도 왜소했다.

그래도 우리가 살던 제기동에서는 '미인 삼형제'(세자매가 맞겠지만)란 소문이 났었다.

나는 외모는 다른 자매에 비해 떨어지지만 우리 오남매 중 공부를 제일 잘했다. 하나 밖에 없는 언니는 첫 번째 형부와 헤어지고 만난 두 번째 형부가 불교 집안이었다. 나와 같이 염천교회 소프라노 찬양을 하던 언니는 골수 불교신자가 되었다. 초파일이 되면 제일 앞장서서 행렬을 인도하곤 했다.

첫 번째 형부는 자상한 성품으로 언니만 위하고 말을 잘 들어주었는데 두 번째 형부는 언니의 뛰어난 미모로 인한 의처증으로 언니의 행동을 통제하고 단속했다. 심지어 구타도 하였다.

그러나 사업능력이 뛰어나 낙농업, 가구업 등에서 사업이 번창하여 외국에 나가기 힘들던 그 시절, 일본, 유럽 등지로 세계 여행을 다니며 부유하게 살았다. 그런데 1980년대 초에 사업에 부도가 나면서 하루아침에 가난한 셋방살이로 전락했다. 형부는 좌절과 스트레스를 받아 설암까지 걸렸다. 살림살이가 어려운데 암 투병까지 해야 하니 언니의 처지가 가엾고 생활고에 어려움을 겪었다.

미국에 와 있는 내가 언니를 도울 수 있는 것은 한 달에 한 번 오버타임을 하고 받은 100달러를 보내주는 것이었다. 나는 주님의 진노가 언니에게 임하는 것 같았다.

'생활고와 남편 암수발로 견딜 수가 없어. 죽고 싶어.' 하는 편지를 받을 때마다 언니의 구원을 위해 간절히 기도했다. 언니가 어머니와 통화 중에 "혜경이에게 어떻게 고맙다고 해야 할지 모르겠어." 하자 어머니는 "혜경이가 바라는 것은 네가 하나님께 다시 돌아오는 것이다."라고 말했다고 한다.

언니는 그 말에 충격을 받았다고 한다. 딱 그 시간에 나는 아침 5시에 무릎을 꿇고 주님께 언니의 영혼에 대해 기도를 하던 때였다.

갑자기 빛이 내 머리에서 하늘 위까지, 하나님 보좌 앞까지 올라가는 것이 보였다. 보좌에 앉으신 하나님이 보였는데 하얀 공단 옷에 오른쪽 소매와 앞자락은 노란 공단으로 둘러져 있었다.

하나님의 얼굴은 밝고도 불그스름한 안색이었다. 마치 한국에서 사진으로 보았던 세종대왕과 비슷한 형상이었다.

잠시 후, 그 환상은 없어졌다. 그 시각에 언니에게 회개의 영이 임했다. 어머니의 말을 듣고는 하나님께 울며 주님을 떠난 자신의 죄를 고백하고 교회로 갔다고 한다.

언니는 집에 돌아와 불교의 모든 책과 형상 등을 태웠고 교회에 나가더니 작은 교회 개척을 했다. 두 아들은 물론 형부가 죽기 전에 주님을 영접하게 했다. 신실한 크리스천으로 돌아온 언니는 교회 장로로 섬기는 생활을 하다가 얼마 전에 은퇴를 했다.

나는 과부가 된 언니의 달동네 셋방살이가 많이 힘들다는 어머니 말에 마음이 아팠다. 아들 에디가 세상을 떠나던 해 작은 상업용 건물을 팔게 되어 그중 남편 몰래 15만 달러를 언니에게 송금했다. 그 돈으로 안산에 2년 된 빌라를 구매하고 은행에 담보로 한 뒤 매달 생활비가 나오도록 조치를 해주었다. 극빈자의 삶에서 편안한 여생을 보내도록 해주고 나니 내 마음이 다 편안해졌다.

현재 80세 된 언니는 매일 새벽기도에 나가면 나를 위해 기도해 주고 있다.

언니가 보내온 편지

## 기도와 전도의 열매

혜경에게!

세월은 빨라 벌써 1월이 중순으로 흐르고 있구나. 90년도 새해아침에 온 가족이 31일(재야)을 교회에서 보내고 새해를 맞았단다.

1월 1~3일 교회에 매일 나가 신년예배를 드리며 주님 앞에 돌아오게 하여주심과 우리 온가족 주님이 구원하여 주심을 감사하면서 이 기쁜 소식을, 나를 진정으로 사랑하였고 나의 고통과 슬픔을 누구보다 가슴 아프게 생각했던 네게 전하고 싶어 이렇게 글을 쓴다.

우선 신년 새해에는 너희 가정도 하나님의 축복으로 믿음의 가정이 되기를 주님 앞에 기도드린다.

혜경아! 이곳에 이사 와서 얼마나 삶이 고통이었는지 모른단다. 인생에 완전히 실패를 하였고 가정적으로는 더는 지탱할 수 없는 가운데서 삶 자체를 포기하는 자살까지 하려 했던 나의 생활 속에서 네게서 오는 편지는 언니를 질책하고 하나님 앞에 돌아오라는 그들이 얼마나 아프게 나를 때렸던지 네 글을 다 읽기도 전에 찢어버렸었단다.

몇 번이나 죽으려 마음먹고 나의 인생에 더는 지탱할 기쁨이 없어 불행이란 불행은 다 내 것인 양 모든 무기력과 포기 상태에 나날을 보내던 내게 하나님께서 다시 나를 불러주셨다. 수 없는 날들을 회개의 눈물로서 나의 죄를 속죄하였고 아이들 구원시켜 달라 몸부림 쳤으며 주님이 나를 지극히 사랑하사 주님 앞에 돌아온 지 8개월 만에 두 아이들 다 구원시켜 이제는 완전히 믿음의 아들들이 되었단다. 나의 믿음보다 더 강건한 믿음에 교회에 큰 본이 되고 있단다.

형부도 1989년 6월부터 교회에 나오지 않아서 기도로서 응답 받아 1989년 12월 31일 온 가족 새해 아침을 맞으며 기도했고 오늘까지 꼭 온가족 새벽예배에 참석하고 있단다. 남은 생애 주를 위해 살려고 노력하고 있다.

물질의 축복은 하늘에서 주신 것이기에 우선적으로 심령의 구원이 컸던 우리 가정이 90년에는 가장 축복받은 가정이 될 것을 믿으며 너에게 진심으로 고맙다고 말하고 싶다.

해 아래 기쁨이 없고 오직 하늘에 기쁨이 있으며 주님 재림을 누구보다 고대하는 우리 가정이 되었으니 얼마나 감사할 노릇이냐?

네게 이 기쁜 소식을 글로써 전하여 우리 친정 식구 모두가 90년도에는 온가족 모두 주님의 자식 되기를 기도한다. 부디 네 가정도 축복받기 원하며 늘 건강하기 바란다.

- 서울서 언니가

## 치유의 기적들

　나는 만성지병이 있어 늘 육신의 고통과 아픔을 견디며 살아야 했다. 나의 척추 X-레이는 70대 노인의 것처럼 디스크와 협착증과 퇴화 현상이 나타나 항상 허리에 통증을 느껴야 했다. 만성 위궤양으로 오는 복통과 통증도 심했다.
　28세 되던 해에는 심장내과의사가 검진을 한 후에 "평생 심장강화제와 부정맥 약을 복용해야 한다. 운전은 위험성이 크다."고 했다.
　미국에 살면서 운전을 못한다는 것은 내 인생의 좌절을 가져오는 것이다. 병원 문을 나서면서 나는 "약을 복용하지 않고 운전도 하겠다."고 결심했다.
　내가 어디를 가던지, 무엇을 하던지 주님이 함께하시니, 온전히 주께 내 생명을 드리니 인도하시기를 간구했다.
　나는 평생 운전을 하면서 직장을 오갔고 교회를 오가며 요즘도 운전을 하고 있다. 주님은 내게 운전을 허락하신 것이다.

병상 근무를 이직하기 전에 30대 초반의 미혼 미국여성 알리스(Alice)가 복부에 생긴 혹으로 입원했다. 마치 임신 6개월 된 배처럼 보였던 것이 X-레이 결과 6파운드가 넘는 태아 사이즈의 종양으로 나타났다. 종양 제거 수술을 했다.

그런데 수술 이틀 후부터 왼쪽 다리가 심하게 부어오르면서 통증이 심했다. 수술 합병증으로 오는 혈관 벽을 막는 핏덩이, 즉 혈전으로 진단을 하고 치료를 했지만 별로 상태가 좋아지지 않았다. 알리스의 다리는 보통 때와 2배 정도로 부어올랐고 통증이 어찌나 심한지 모르핀을 네 시간마다 주사해야 했다.

당황한 외과의사들이 학회의 외부 전문의들의 검진도 같이 하면서 치료를 했지만 회복 기미가 없었다. 점차 화장실도 못갈 정도로 중증 상태가 되었다. 환자는 절망감에 울어대었고 어떤 치료에도 반응이 없이 하루가 무섭게 상태가 악화되어갔다.

나는 이른 아침 환자 회진을 돌면서 울고 있는 알리스에게 갔다.

"하나님을 믿느냐?"

"일 년에 몇 번 교회를 나간다."

"내가 너를 위해 기도해 주어도 되겠냐?"

그녀는 내 손을 잡고 기도해 주기를 간절히 바랬다. 나는 알리스 손을 붙잡고 하나님께 기도했다.

'이 가여운 여종에게 치유의 능력이 임하사 고쳐주시기를…' 기도했다.

주님은 내게 긍휼의 마음으로 그들을 돌보게 하신다. 내 이웃의 질병으로, 기아로 죽어가는 이웃의 고통이 마치 내 고통처럼 느껴지고 그때 그들을 위해 기도하면 나를 통해 하나님은 그들을 만져서 치유케 하시는 것이다.

내가 기도해주는 이웃의 고통이 나의 고통이 되어 주님께 울부짖는 긍휼의 기도는 희생이요 사랑이기에 하나님의 치유의 역사가 일어나는 것이다. 크고 무한한 주님의 은혜로 치유의 광선이 흘러서 치유가 되는 것이다.

그 다음날 알리스는 통증이 많이 가라앉으면서 부기가 내려갔다고 좋아라 했다. 회진 온 외과의사들이 웬일이냐고 묻는다. 나는 얼른 손으로 내 입술을 가리며 알리스에게 말하지 말라고 했다.

이틀간 쉰 후에 병실에 나왔더니 자그마한 감사 카드를 주는데 그 안에 20달러가 들어있었다.

'네가 나의 병을 고쳐주었다. 나를 살리신 하나님을 이젠 진실하게 믿겠다.'

카드 안에 적힌 내용이었다.

다리의 부기가 거의 다 없어지고 통증도 없어지면서 알리스는 복도를 걸어 다닐 수도 있었다. 그래서 그녀는 퇴원할 수 있었다.

그때 나는 복음 전도지를 가지고 다니면서 임종을 앞둔 환자, 암으로 수술을 받는 환자들을 위해 '하나님은 살아계시니 너의 모든 것을 주님께 맡기라.'고 틈나는 대로 전도할 때였다.

같은 교회 교인들 중에 열이 올라 힘들어하는 어린이를 위해 기도해 달라고 부탁이 있어 기도를 하면 그 어린이의 열이 떨어졌다. 이렇게 교인들은 몸이 아프면 내게 기도를 부탁하곤 했다. 통증으로 호소하는 환자 옆에 가만히 기도를 드리면 환자들이 평안해지곤 했다.

또한 찬양대의 앨토 친구인 C집사는 자궁암 검사에서 양성이 나오자 교회 제단에서 함께 안수기도를 한 뒤 일주일 후 조직 검사에서 음성으로 나오기도 했다.

그러나 나는 그 집사님에게 하나님의 치유의 역사라고 말해 주지 못하였다. 치유 받은 저들이 하나님의 기도의 능력을 믿을 만큼 신앙에 확신이 없는 것 같아 믿지 못할 것 같아서였다.

또 한 번은 찬양대 테너의 한 대원이 자신의 친구를 휠체어에 태워 교회로 데려왔다. 신분미비자인데 중풍으로 반신불구가 되었다는 그를 본 순간 너무 불쌍했다. 예배 후에 목사님에게 안수 기도를 해도 되냐고 허락을 받은 다음 그를 작은 옆방으로 데리고 갔다.

그의 머리에 손을 댄 채 나도 모르게 울면서 하나님께 치유의 능력이 임하도록 간절히 부르짖었다. 치유는 내 능력이 아니고 하나님이 나의 기도를 들으시고 응답하실 때 주님의 능력이 내 손으로 와서 환자에게 전해지는 것으로 믿는다.

다음 주에 그 환자는 휠체어를 타지 않고 친구의 도움을 받아 걸어서 교회로 왔다. 그는 나에게 감사의 눈물을 흘렸다. 다시 두 번째 하나님께 온전히 치유하심의 안수기도를 드렸고 그 다음 주엔 본인이 걸어서 교회로 들어왔다. 그는 치유함을 받은 뒤 2주일 후 한국으로 귀국했다.

나는 그에게 살아계신 하나님을 꼭 믿고 의지하라고 작은 판화 성화를 선물했다.

또 한 번은 주일날 아침 교회에 갈 준비를 하는데 전화가 왔다. 직장 동료의 딸이었다.

"아줌마, 엄마가 중풍으로 쓰러졌어요."

급히 그 길로 동료 H의 집에 가보니 그는 말도 하지 못했고 반신불수로 몸 한 쪽이 마비되어 누워 있었다. 한두 달 뒤의 결혼을 앞두고 속절없이 쓰러져 있는 H를 보니 나도 모르게 눈물이 쏟아졌다. H를 위해 하나님의 치유가 임하도록 부르짖었다.

교회에 가서도 예배가 잘 드려지지 않을 정도로 걱정이 되었다. 쓰러진 H를 위해 하나님만 불러대었다. 집으로 온 후에도 아무 일도 손에 잡히지 않았다.

그런데 H의 딸의 전화가 왔다.

"아줌마, 엄마가 다 나아서 걸어 다니세요."

"할렐루야, 주님 감사합니다."

내 기도에 응답하셔서 치유의 손길이 임한 것에 나는 감사하고 또 감사했다.

간호사 직장을 그만 둔 후에는 환자들, 병든 자들을 위해 기도하는 예는 많이 줄었다. 그러나 나를 향하신 치유의 기적은 노후의 여정에 여러 병들에 대한 기도의 응답을 주신 것이다.

나 자신에게도 기적으로 치유된 몇 가지 사례가 있다.

오른쪽 어깨가 아프고 움직이는데 한계를 느껴 오십견이려니 했다. 통증이 심할 때는 타이레놀을 복용하곤 했는데 어느 날 아침 옷을 갈아입는 거울에 비친 내 어깨가 마치 작은 사과 반쪽을 엎어놓은 것처럼 부어있는 것이 아닌가.

바로 정형외과 의사에게 연락을 하고 X-ray를 찍으니 종양 (Tumor)이라는 진단이 나왔다. 1주일 후 MRI를 다시 촬영하고 치료를 하자고 해서 기다리는 중이었다.

나는 손을 어깨에 놓고 치유를 구하는 기도를 매일 아침 묵상 시간에 하였다. 그 얼마 후에 다시 MRI촬영을 했더니 그 종양이 완전 사라졌다고 한다. 정상이었다. 성령 치유의 능력이 내 몸에도 나타난 것이다.

2년 전에는 갑자기 명치 부위에 심한 통증은 아니지만 뜬금없이 소화와는 관계없이 통증이 왔다가 얼마 후 없어졌다. 몇 달 후 정기진료를 받으러 가서 주치의에게 얘기를 했더니 스캔을 찍어보자고 해 X-ray실에서 40분간 촬영을 했다.

간에 커다란 물혹 세 개가 있어 간 부위 전체를 덮고 있었다. 다행히 양성이라서 위험하지 않으나 정 통증이 심하면 물을 빼면 된다고 했다. 태아 때 이미 그 부위에 작게 생겨나며 성인이 되어 나이가 들어가면서 계속 자라서 이렇게 커진다고 하니 일단 기분 나쁜 암이라는 의문에서는 벗어났다.

그날 이후 기도 중에 어린이가 엄마에게 보채듯이 "아버지, 배가 아파요. 낫게 해주세요." 했다.

내 병에 대한 간구를 늘 이렇게 했다. 그리고 서너 번의 기도에 정말이지 통증이 완전 멈췄다. 그 물혹은 지금도 계속 키지고 있겠지.

올 1월에 은퇴했지만 회사를 창업하여 15년간 그 어려운 과정을 함께 한 4명의 파트너와 글로리아, 팀 리더, 그리고 탑 에이전트들. 많이 정들고 친한 지인들이 많아 오피스 차원의 큰 이벤트에는 참석을 하곤 한다.

또 나의 부동산 면허증도 내년 5월까지는 효력이 있고 다달이 다단계로 나오는 프로피세어들이 내 밑으로 수백 명 에이전트 커미션에서 일부분들이 모아져 한 달에 몇 천 달러씩 내 통장으로 들어온다. 많은 희생을 각오하고 설립했더니 은퇴 후 보람이 되었다.

오후 4시부터 시작한 이벤트에 참석하고 어두운 저녁 7시 넘어 회사 건물 계단을 내려오다가 왼발을 헛디뎌 앞으로 추락하기 직전이었다. 비교적 나이에 비해 운동신경이 발달되어 집에서 계단을 오르내리다가도 여러 번 넘어질 뻔한 위기를 모면했었다.

나는 난간을 쥔 오른손에 힘을 주고 계단에 반쯤 걸친 오른발에 죽을힘을 다해 버티어 추락 사고를 면했다. 그런데 오른 발목에 심한 통증이 오고 발꿈치를 땅에 디딜 수 없게 아팠다.

돌계단에서 굴렀으면 머리나 뼈가 부러졌으리라 생각하니 감사가 나온다. 간신히 왼발로 질질 끌고 차를 운전해서 집으로 왔는데 아무래도 뼈의 골절은 아니더라도 인대와 근육에 손상이 온 것 같았다.

깁스는 아니더라도 발목 반깁스를 해서 5~6주는 거동과 외출이 어렵게 될 것 같았다. 아침 7시에 주님 앞에 예배드리며 머리 터지지 않게 넘어지지 않았음에 감사드렸다.

"아버지, 어떡하죠? 아프고 발목 반깁스로 외출도 어려워요. 주님, 고쳐주세요."

중보기도 중에 하나님께 졸라대는 기도를 하였다.

예배가 끝나고 8시가 넘어 의자에서 일어났는데 왼쪽 발목의 고통과 보행의 어려움이 감쪽같이 다 없어져 정상으로 되었다.

나의 주치의이신 하나님, 감사 감사합니다.

한번은 내가 기르던 애견 푸들이 사타구니에 혹이 생겨 깽깽거렸다. 반려견 몸에 손을 놓고 기도하니 몇 시간 후 그 혹이 없어지고 치유되었다.

어떻게 일일이 하나님의 치유를 다 쓰겠는가.

나는 주께 90살 내 생일날 임사체험 후 새롭게 치유된 건강한 몸으로 주의 일을 하다가 주께서 천국으로 데리고 가 달라고 기도한다. 노년의 질병으로 고생하는 것도 너무 딱하고 아픈 것도 참기 어렵고 메디케어에서 치료비, 양로원 비용으로 거금이 지출되는 것은 공해라는 생각이 든다.

　국가 의료비 메디케어에서 젊은 사람들의 병을 치료하는데도 부족한데 나로 인한 지출을 원치 않는다. 내 심령의 깊은 것까지 아시는 하나님은 이 간구를 들어주실 줄 믿는다.

## 교통사고와 수호천사

　뉴욕에 산 지 50여 년, 나는 세 번의 교통사고를 냈다. 그때마다 단 한군데도 다치지 않았으니 이것이 기적이 아닌가. 늘 나를 지키시는 하나님, 수호천사가 나와 함께함을 믿는다.

　내가 소유한 첫 차는 GM사 빨간색 페어먼트였다. 롱아일랜드(N495) 하이웨이 중간선에서 서쪽 방향으로 운전하고 있는데 오른쪽 차선으로 직진하던 차가 내 차 오른쪽 옆을 거의 충돌하려 했다.

　왼쪽 차선의 뒤 차량이 근접한 것을 볼 새도 없이 오른쪽 차를 피하려고 왼쪽 차선으로 뛰어들었다. 순간 뒤차가 내 뒤를 충돌하려는 순간 다시 차선을 바꾸었다. 뒤차와 출동 직전 나는 차선을 벗어나 옆으로 튕겨 나오면서 내 앞의 교통표지판 받는 순간 다시 핸들을 오던 방향 180도로 틀면서 큰 하수구 홀을 박고 정지했다.

　나는 세 번 차선을 바꾸면서 뒤차와 충돌 위기에 "나는 죽었구나." 했다.

혼자서 이리 저리 차선을 바꾸다가 차선을 벗어나 튕겨나가면서 만신창이가 된 채 정지한 장면을 본, 뒤에서 오던 차들이 모두 섰다. 운전자들이 내 차로 다가왔다. 나는 잠깐 정신이 나갔다가 깨었는데 상황 파악이 잘 되지 않았다.

차문을 열고 나와 보니 차는 거의 다 부서지고 찌그러져 있는데다가 앞과 뒤의 타이어가 모두 터져있었다.

"이 정도 사고라면 차가 폭발했을 텐데. 너는 긴 생명줄을 가졌나보다."고들 했다.

사고가 난 차는 당연히 폐차되었다.

사고 후 3일 동안 그 당시 위급했던 상황이 필름처럼 연속 지나갔다. 겁이 나고 무서웠다. 끔찍했던 사고에 대한 기억으로 '나는 이제 죽었구나' 하는 악몽 같은 시간을 보내야 했다. 그 엄청난 사고를 일으킨 와중에도 나를 보호하신 하나님의 임재를 경험했다.

'내 몸은 머리카락 한 올 다치지 않았어.'

다시는 사고 후유증으로 운전을 못할 것 같았다. 하지만 이대로 주저앉을 수는 없었다. 열흘 후에 새로 구입한 차를 찾아 집으로 갖고 오는 동안 긴장과 공포로 온몸이 땀으로 푹 젖었다. 한동안 운전을 하면 옆 차들이 내게 달려와 충돌하는 두려움, 강박관념이 오랫동안 계속 되었다.

두 번째 사고는 어떻게 그런 일이 일어났는지 말로 설명을 할 수가 없다. 그저 놀랍기만 한 체험이었다.

7월 첫째 주일날 아침, 딸 제니를 교회 앞 지하철역에 내려 놓고 예배에 참석하려고 가는 중이었다. 비가 내려 아스팔트가 많이 미끄러웠다. 롱아일랜드 495 EXP로 오다가 크로스 아일랜드 진입 과정에서 20여 미터의 경사진 진입로를 돌아 내려오면서 차가 중심을 잃고 미끄러지기 시작했다.

당황하여 급히 브레이크를 밟으니 차는 경사진 길에서 돌면서 도로를 벗어나 옆 잔디 위로 튕겨지는가 하면서 나는 정신을 잃었다. 정신을 차려서 보니 내 차는 진입로 경사진 도로를 정면으로 보고 제대로 파킹이 되어있었다.

도로에는 차바퀴자국이 선명하게 나 있는데 차 밖으로 나와 보니 젖은 잔디의 옆길은 차바퀴 흔적이 전혀 없었다. 놀랍게도 앞바퀴에 커다란 나무토막이 끼어져 있고 뒷바퀴 뒤에는 바윗돌이 받치고 있었다. 뒤차 1미터 뒤에는 20미터 낭떠러지였다.

차가 들어온 반대방향으로 앉으면 젖은 땅에 차바퀴 자국이 있어야 한다. 더구나 차가 180도로 돌았으니 주위 땅이 모두 심한 자국이 있어야 한다. 아무리 생각해도 눈앞에 보이는 이 상황은 이성으로 이해가 안 되었다. 마치 주님이 수호천사를 시켜 튕겨지는 내 차를 반짝 들어 반대 방향으로 180도 돌려 주차 시킨 것이라고 밖에 설명이 안 되었다.

'어떻게 이것이 가능한 일인가?'

토잉차 운전자가 그 상황을 보고 말했다.

"이곳에 자주 사고가 난다. 보통 차들이 미끄러지면서 튕겨져 도로 옆 절벽으로 추락하곤 하는데 어떻게 네 차는 이렇게 앞으로 돌려져 있는지 모르겠다. 너는 끈질긴 생명줄을 지녔나 보다."

이렇게 남들이 한결같이 '너는 긴 생명줄을 지녔다.(nine life)'고 말해 주었다.

몇 년 후 사고가 자주난다는 그 진입로는 폐쇄되었고 반대방향으로 새 진입로가 생겼다.

아침에 나는 하나님께 기도를 했다. 하루의 첫 시간을 매일 하나님께 바친다. 사고가 난 후 주님이 나의 수호천사로 기적을 행하신 것에 감사기도를 드렸다.

그런데 교통사고의 충격으로 원래 약하던 척추에 심한 통증이 왔다. 머리를 들지 못할 정도로 극심한 두통이 이어졌다.

"나를 지키시는 주님이 이 고통도 치유해 주시기를 바랍니다."

나는 치유의 간구를 드렸고 기도 하는 중에 거짓말처럼 허리 통증이 사라지고 두통도 없어졌다. 나는 다시 정상의 몸으로 돌아왔다.

세 번째는 졸음운전으로 인한 사고였다.

2014년 아들을 하늘나라로 보내고 극심한 상실의 고통과 뼈를 깎는 아픔으로 잠을 잘 수 없었다. 겨우 서너 시간, 심할 때는 한 시간도 자지 못하고 출근을 하는 생활이 계속 되었다.

수면유도 치료에 전문의의 검진과 처방을 받았지만 극심한 불면증은 만성이 되어갔다. 어떤 수면제도 잘 듣지 않았다. 처방을 바꿔가면서 시중에 나온 각종 수면제를 복용해도 충분히 자지 못했다. 몇 시간 내리 자는 것이 상당히 힘들다보니 낮 오후 서너 시만 되면 졸음이 왔다.

그러다보니 퇴근해 돌아오는 30~40분 운전거리에 졸지 않기 위해 애를 써야 했다. 그래서 되도록 오후 세 시 전에 교통 체증을 피해 일찍 집으로 왔는데 그날따라 감기 기운이 있어서 감기약을 먹었고 비가 부슬 부슬 내리는 시야가 흐린 날이었다.

운전대를 잡고 얼마 후 졸음이 오기 시작했는데 어떻게든 졸지 않으려고 넓적다리를 꼬집고 큰소리로 찬양을 하며 필사의 노력을 했다.

그런데 "꽝" 하는 굉음에 졸다가 깼다. 내 차가 2차선 중간에 들어가 옆차를 심하게 박고 정차했다. 다행히 나도 그 운전자도 다치지는 않았으나 두 차 모두 꽤 많이 부서졌다.

이 사고로 인해 나는 졸음 운전자로 3년 이상을 낙인찍혔고 보험료가 상당히 올랐고 검사도 여러 번 해야 했다. 이렇게 세 번의 대형 사고에도 나는 한 번도 다치지 않았으니 이런 기적이 어디 있는가.

늘 위기를 모면케 해주시는 구세주 주님, 권능의 오른손이 나를 붙드시니 무한한 감사, 감사할 뿐이다.

## 하늘에 닿은 계단

　내가 깊이 기도하는 중에 내 앞에 마치 바티칸 제국 베드로 광장 같은 넓은 광장이 있고 그곳엔 수많은 사람들로 차 있었다. 그리고 중앙 한가운데 양쪽으로 거대한 벽 중앙에 들어가는 입구가 있었다.
　수많은 무리들이 모두 그 벽안으로 들어가고 있었고 나도 그들처럼 그 안으로 들어갔는데 그 속에 하늘로 닿은 돌계단이 중앙에 나있었다. 많은 사람들이 그 계단을 올라가고 있어 나도 그들처럼 계단을 올라가기 시작했다. 계단은 구름 위까지 뻗어있었고 한참을 올라갔더니 내 몸이 하얀 구름 위로 들어 올려졌다.
　구름 아래를 내려다보니 많은 무리들이 계단을 올라오고 있었지만 나만 구름 위로 올려졌던 것이다.
　그리고 하얀 천사의 옷을 입은 여인 옆에 나도 그 하얀 옷이 입혀진 채 발을 뻗고 앉혀졌다.

구름 위로 파랗고 청명한 하늘이 광활하게 펼쳐져 있었고 나와 천사는 하늘 위로 날기 시작하면서 환상은 사라졌다.

지금도 여행길에 비행기를 탈 때마다 창가 좌석에 앉아 그 아름다운 환상을 그리며 파란 하늘과 구름을 바라본다.

천사들을 맞이하는 예수님

## 사탄의 공격

40대 초반에 여러 형태로 사탄의 공격을 받았다.

사탄은 히브리어로 악마 혹은 유혹자란 뜻이다. 예수는 전도 생활을 시작하기 전에 광야에 나가 기도와 사색으로 40일간을 보냈다. 그때 사탄이 '백성들 앞에서 기적을 보이면 너를 따를 것이다.'고 유혹했다.

예수는 "사탄아 물러가라. 너는 나를 넘어지게 만드는 자이다." 그 말 한마디로 물리치셨다고 한다.

사탄에 의한 영적 공격은 평생 잊지 않고 내 기억 속에 있다. 여러 기억들을 공유하며 이를 이겨낸 사탄의 공격을 소개하려 한다.

하루는 잠이 막 들려고 하는 늦은 밤이었다. 초인종이 울리자 자고 있던 남편이 일어나 현관으로 갔다. 그런데 남편이 누워있던 옆 침대에서 커다란 손이 올라와 나의 목을 조르기 시작했다. 나는 남편을 부르며 필사의 발버둥을 치기 시작했다.

잠시 후 내 목을 누르던 그 큰손은 사라졌다. 나는 발버둥 친 직후라 온몸에 진땀이 나 있었다. 그런데 정신을 차리고 옆을 보니 남편은 곤히 잠을 자고 있었다.

두 번째 공격이다. 나는 늘 저녁식사 후에는 침대 머리맡에 앉아 책이나 성경을 읽는 습관이 있다. 남편의 귀가가 늦은 밤이었다. 앉아있는 침대 옆 유리창이 대낮처럼 밝아졌다.

그런데 동화책에서 보는, 2피트도 안 되는, 매부리코에 꼬깔모자를 쓴 난쟁이가 나타나 나를 보면서 히죽 히죽 웃는다. 양손에 잡은 얇은 양철판으로 내 침대를 밀면서 올라오기 시작했다. 그리고 양철판으로 내 목을 치기 시작하여 나는 비명을 지르면서 침대에서 발버둥을 쳤다. 그리고 한순간에 모든 것이 사라지고 나는 여전히 침대에 앉아있고 온몸 땀으로 젖어있었다.

세 번째 공격이다. 침대에 앉아 있는 내게 누군가 갑자기 담요를 뒤집어 씌웠다. 나는 머리에 쓴 담요 때문에 숨을 쉴 수가 없어 질식 상태로 갔다. 두 손으로 담요를 벗어나려고 갖은 힘을 쓴 다음 겨우 담요를 벗어나고 보니 남편이 씨익 나를 보고 웃고 있었다. 순간 모든 것이 사라졌고 남편은 옆에서 잠을 곤하게 자고 있었다.

평소 나는 마음만 있을 뿐 새벽기도를 한 번도 참석하지 못했다. 남편의 통제로 꿈도 못 꾸던 어느 날, 남편이 골프 예약 때문에 새벽 4시 반에 집에서 나갔다.

나는 교회로 달려가 새벽기도에 참석했다. 기도 후 6시쯤 교회 문을 열고 앞 층계로 내려왔다. 정문 앞 도로에 주차한 차에서 웬 남자가 창문을 열고 나를 불렀다. 열려있는 차 창문으로 가서 보니 맙소사, 하체를 드러내고 있지 않은가.

오, 주여, 또한 주차해 놓았던 내 차도 누군가가 끌고 갔는지 그 자리에 없었다.

이 사건으로 나는 더 이상 새벽기도에 갈 용기를 내지 못하였다.

그래서 목사님과 장로님들이 엑소더스(Exodus) 예배를 두 번 드려주었다.

그 후, 자갈이 깔린 냇가를 걸어가고 있는데 검은 양복을 입은 두 남자가 나를 잡으려고 쫓아왔다. 죽을힘을 다해 도망을 치다가 목사님을 만났다.

"목사님, 저 남자들이 나를 잡으려고 쫓아오고 있어요."

목사님은 그 두 남자를 잡아서 밧줄로 묶더니 야외테이블 위에 꼼짝 못하게 올려놓았다. 그리고 그 환상은 사라졌다. 목사님께 그 환상을 말씀 드렸다.

"집사님, 걱정 마십시오, 이제 사탄의 공격은 없을 겁니다."

정말, 그 이후엔 그런 공격은 없어졌다. 신앙이 유혹을 이길 수 있는 능력을 키운다고 한다. 하지만 다른 방법으로 내게 도전을 해왔다.

내가 어린 시절에는 라디오에서 여름만 되면 납량특집이나 검은 고양이 등 귀신 나오는 으스스한 소설을 많이 방송했다. 부산에 사는 고모, 이모들이 서울 미아리 우리 집에 놀러오곤 하던 시절이다.

할머니와 어머니, 우리 5남매, 고아였던 식모언니까지 여덟 식구에 삼촌 식구, 사촌들도 얼마간 같이 살다가는 대식구 살림이었다. 제법 큰 기와집에 대청마루, 양편에 안방, 건넌방, 부엌 옆에 아랫방이 있었다. 마당 담을 둘러선 대문 옆에는 화장실이 있었다. 그때는 다들 '변소'라 불렀다. 지금도 나는 변소라고 말할 때가 많다.

안방에 이불을 깔고 7~8식구가 모두 나란히 누워서 한 자리에서 자고 상 두 개를 놓고 다 같이 식사를 했다. 나는 밤중에 마루에서 쿵쾅거리는 소리가 들리는 것 같고 특히 화장실에 가면 밑에서 손이 올라오는 것 같은 공포감이 심했다. 그래서 방문 옆에는 앉지 않고 중간에 앉거나 벽 쪽으로 가 앉는 버릇이 있었다.

아마 초등학교 6학년 때였을 것이다. 혼자 건넌방에서 촛불을 켜고 시험공부를 하고 있었다. 마루에서 누군가가 쿵쾅거리고 뛰어다니는 소리가 들렸다. 그래서 창호지 문에 침을 발라 구멍을 뚫고 어두운 대청마루를 보는 순간 만화책에서 보던 하얀 옷자락의 귀신이 그 구멍으로 나를 향해 달려들었다. 나는 나를 잡으려는 귀신을 피해 촛불을 켜놓은 상 둘레로 도망을 하다가 정신을 잃고 쓰러졌다가 깨어났다.

또 안방 다락에서 무슨 소리가 밤마다 들리는 것 같은데 낮에 열어보면 아무것도 없었다. 사람들은 내가 워낙 약한 체질인데다 속이 허해서 그런 것을 본다고들 하였다.

뉴욕에 온 이후 그런 환상이나 환청은 없었다. 그런데, 처음으로 남편과 두 아이들이 출타 중이라 혼자 잠을 자게 되었다.

한밤중에 2층 다락에서 어릴 때 들었던 그 소리가 나기 시작했다. 쿵쾅거리고 뛰어다니는 소리들, 몇 십 년 만에 그 악몽이 되살아나 온 밤을 무서움으로 지새웠다.

아침에 일어나 올라가 보니 아무것도 변하지 않고 그대로였다. 그날 이후 나는 15년 이상 살아온 이 첫 우리 집이 겁이 나고 무서워졌다.

## 빨간 불기둥들

 차를 운전하면서 밤에 두 번이나 빨간 불기둥의 공격을 받았다.
 2003년 12월 31일에 신년 영시 예배를 드리려고 밤 11시에 집을 나서는 내게 남편은 강경하게 막아섰다. 평생 영시 예배를 드렸던 내게 용납할 수 없는 제재였다.
 한 해에 대한 하나님께 감사, 또 신년에 대한 주께 인도하심을 구하는 영시 예배는 내겐 신앙적인 행사였다.
 남편과는 늘 종속적인 관계였기에 그는 나의 모든 외출, 특히 밤 외출은 엄한 아버지가 딸자식 다루듯 위험하다고 통제를 해왔었다. 그래도 그 전에는 허용하던 12시 영시예배를 막무가내로 막아섰다.
 나도 억세게 대들고 도망치듯 차를 몰아 집에서 간신히 나올 수 있었는데 집 단지 밑 도로를 나와 운전하는데 신호등이 빨간 불기둥이 되어 내 앞 차 창문으로 뻗쳐왔다. 자정이 가까워지는 한밤이라 도로에는 어떤 차도 없었다. 5분이 넘게 계속 되는 빨간 불기둥은 롱아일랜드 익스프레스로 갈 때까지 계속 앞창으로 꽂혀왔다.

다행히 익스프레스로 들어가니 신호등이 없어 그 현상은 없어졌다. 남편의 영혼을 잡고 있는 사탄이 교회로 가는 내게 신년 영시 예배를 못 가게 공격한 것 같았다.

두 번째 공격은 2017년 2월에 있었다.

남편의 동창회에 함께 참석했다가 밤 10시가 넘어 노던 블러바드를 타고 만하셋 쯤에 왔는데 갑자기 바깥이 모두 어두워져서 주위 분별을 할 수가 없었다. 앞 차량이 스톱 사인으로 서있는데 그 차 뒤 헤드라이트 빨간 불이 모두 빨간 기둥이 되어 내 앞으로 꽂혀지기 시작했다. 그리고 신호등의 빨간불도 빨간 긴 기둥이 되어 내 차를 공격했다.

차를 운전할 수가 없어서 옆자리에 앉은 남편에게 '이게 웬일이야. 앞이 안 보이고 앞창에 쏟아지는 빨간 불이 보이냐고 했더니 남편도 '그렇다'고 했다.

남편도 내가 보는 것을 보는 것이다. 얼른 이 도로에서 벗어나 신호등 없는 익스프레스로 가야했다. 앞이 잘 안 보이는 로칼 길 포트 워싱턴 블러바드에서 간신히 오른쪽으로 회전해서 롱아일랜드로 향하는 도로로 가니 역시 같은 현상이었다.

땀이 등을 타고 흐르고 거의 패닉 상태로 길을 벗어나 익스프레스로 진입하니 정상적으로 앞이 보이고 제대로 운전하여 겨우 집으로 올 수 있었다.

남편이 치매 초기 증상 때라 이틀 후인 목요일 예배에 같이 가자고 했더니 승낙을 했다.

나는 내 안경이 반사가 안돼서 이런 현상이 일어났나 싶어 그다음 날 안경가게에 들러 새로 안경을 맞추었다. 거의 밤 운전을 안 하기 때문에 그 전에도 이런 일이 있었는지도 의문이었다.

그 다음날인 수요일, 난 남편에게 단지를 벗어나 앞 로칼 길로 같이 가자고 했다. 밤 9시쯤 길로 나오니 어제 그 현상은 일어나지 않았다. 그때야 비로소 몇 년 전에도 경험한 기억이 났고 내가 사탄의 공격을 받은 것을 깨달았다. 나는 하나님께 영광이 되는 큰 일(?)을 할 때면 이렇게 사탄이 공격해 오곤 했다.

교회에서 파나마 프라지욘에 우리 선교센터 겸 어린이 센터의 증축과 개축에 10만 달러를 책정한 후라 또 도전을 받은 것 같았다.

그래서 황목사님께 전화를 해서 기도를 부탁했다. 11시에 교회로 오라고 하셔서 30분도 안 되는 거리라서 10시 30분 집에서 떠났다. 트래픽이 없는 시간인데 그날은 롱아일랜드 익스프레스에 차가 거의 정차하다시피 밀렸고 내 차 바퀴에서 갑자기 딱딱 하는 소리가 계속 들리기 시작했다.

한 시간 이상 지체하여 목사님께 가서 어제 사탄의 도전을 말씀드리고 기도를 받은 후 "바퀴는 펑크가 안 났는데 딱딱 하는 쇳소리가 납니다." 했다. 목사님이 파킹장을 시운전 하신 후 "바퀴는 터지지 않았지만 정비소에 먼저 들르라"는 조언을 하셨다.

정비소 기사가 차를 위로 올리고 네 개의 타이어를 샅샅이 살피더니 자그마치 쿼터 사이즈 동전 크기의 나사가 바퀴에 박힌 것을 발견했다. 가끔 로칼 길에 못이 박힌 타이어가 터지는 경우는 있다지만 익스프레스에서 이런 큰 동전 사이즈 나사가 박혔는데 다행히 끝이 뾰족하지 않아 타이어는 터지지 않았다는 것이다.

또한 정목사님의 뉴 하트교회 구입 과정에서 나는 또 심하게 사탄의 공격을 받았었다. 2~3주면 계약이 체결될 것이 거의 넉달 이상 양쪽 변호사들과의 불소통 문제, 부당한 리스팅, 브로커들의 농간과 나에 대한 모함 등으로 몹시 스트레스를 받아 잠을 잘 수가 없었다.

나의 고객이기도 하지만 존경하는 정목사님과 온 교인의 믿음으로 새로 구입하는 성전이기에 나는 최선을 다했다. 제시가격보다 15만 달러 더 싸게 성사시키느라 너무 힘들었고 역시 이때도 사탄의 공격은 시작되었다.

내게 심장마비의 증상이 왔다. 혈압은 185 이상으로 올랐고 가슴 위에 바위가 얹혀져 있는 것 같이 무겁고 머리가 혼미해지면서 팔에도 통증이 왔다. 오피스에서 어전케어까지 운전을 할 수 없어서 동료에게 부탁할 정도였다.

응급조치를 한 내과의는 바로 심장내과 주치의로 나를 보냈고 정밀검사가 시작됐다. 거의 10년을 심장내과 간호사 경력을 지닌 소견으로 이쯤 되면 쓰러져야 하는데 심장마비 직전의 상태로만 고통을 받았다.

검사에 부정맥으로 혈압은 계속 180이 넘었고 심장마비 막는 약을 처방했지만 그 약의 부작용이 더 큰 고통을 불러왔다. 그렇게 거의 2주 동안 오피스를 못나가고 마비 증세의 고통으로 침대에 누워있었다.

나는 병중에서도 치매의 남편이 걱정되어 하나님께 간구했다.

"주님, 치매 걸린 남편을 먼저 떠나보낸 뒤 하늘나라로 가겠습니다."

그리고 남편 동생인 고모에게도 말했다.

"내가 오빠보다 먼저 세상을 떠나면 재산을 다 고모한테 줄 테니 꼭 오빠의 수발을 들어야 한다."고 부탁했다.

그런데 내가 제시한 가격으로 계약이 끝났다는 소식을 들은 날 후 거짓말처럼 병상에서 일어나 정상으로 돌아왔다.

그때에 동료 K의 배신에 대한 아픔으로 잠을 못잘 정도로 스트레스를 받고 있기도 했었다.

교회는 2018년 성전 건축 예배를 드리고 지금까지 하나님의 영광을 드러내는 귀한 믿음의 제단으로 성장하고 있다.

지난 크리스마스 때 정목사님과 사모님을 오랜만에 만나 이태리식당에서 점심을 대접하면서 내가 그때 받았던 사탄의 공격을 말씀드렸다.

## 제니의 거식증 완쾌

　내 나이 스물세 살, 철도 들지 않은 나이에 결혼해 그 다음 해 낳은 딸 제니는 참으로 놀랍기만 한 딸이다. 학교를 다니는 내내 수석 자리를 놓치지 않았고 예술방면에도 탁월했다.
　젖먹이를 어머니께 맡겨놓고 미국에 혼자 와서 2여 년을 볼 수 없었다. 3살이 되어 미국에 왔는데 나를 엄마로 받아들이는 데 많은 시간이 걸렸다. 미국과 한국과의 거리만큼 우리 모녀 사이도 멀었고 딸아이는 정신적으로 많은 영향을 받은 것 같았다. 어린 나이에 할머니가 엄마가 아니었다는 것에 대한 상실감, 낯선 여자가 엄마라고 하는 데에 대한 놀람, 이런 것들이 초등학교를 가고 중·고등학교를 가도 완전히 사라지지 않은 것 같다.
　학교에서는 담임교사마다 최우수 아동이라 칭찬이 자자하여 기쁨을 주지만 제니는 늘 말이 없고 조용했다. 좋고 싫고를 절대 표현하지 않았다. 다른 아이들은 엄마에게 자기의 감정을 다 표현하고 요구사항도 말하지만 제니는 내게 마음을 열지 않았다. 나는 제니와의 장벽을 제거하려고 무던히 애를 썼지만 쉽지 않았다. 제니는 문학, 미술, 음악 모든 분야에서 두각을 나타냈다.

10살 때는 삽화를 넣은 만화책을 만들더니 에세이 콘테스트에서 상을 탔다. 뛰어난 피아노 실력은 고등학교 150명 합창단에 피아노 반주자로 봉사를 했다. 미술교사는 제니의 그림 솜씨가 10년에 한 번 나올만한 재능이라고 칭찬했다.

고교 졸업식을 앞두고는 프롬 드레스 여섯 벌을 직접 만들어 친구들에게 선물할 정도였다.

집 근처의 공립학교는 유대인 자녀들이 이미 성장하여 떠난 지역이라 학생 수가 적어서 문을 닫았다. 그래서 집과 가까운 가톨릭 학교 세인트 케빈(St. Kevin) 중학교에 들어갔고 수석졸업(평균 99.5)을 하였다. 고등학교는 세인트 프랜시스(St. France)로 갔다.

맨해튼 명문 메리 루이스 고등학교 입시시험에 붙었으나 백인 고위층 엘리트만 가는 학교인지라 등록금이 대학 학비만큼 비쌌다. 세인트 케빈 중학교 역사상 메리 루이스 고등학교에 몇 명만 합격되었다지만 그곳에 보낼 수가 없었다. 또 제니의 건강도 문제였다.

제니는 9학년이 되던 해에 척추가 휘어지는 척추경화(Sclosis) 진단을 받는데 이미 정상에서 28도로 휘어져 있었다. 26도가 되면 척추에 쇠파이프를 넣고 고정시켜야 한다고 한다.

브롱스에 병원이 있는 척추경화 권위자인 의사를 만났다. 성장이 일어나는 시기에 더 이상 상태가 나빠지지 않으면 교정기를 사용해야 했다.

제니는 목부터 허리까지 된 교정기를 입고 24시간 생활해야 했다. 척추가 휘어진 부분은 패드를 넣어 펴는 식인데 척추교정기는 마네킹 재료 같은 것으로 만들어져 있어 딱딱하고 차가웠다.

여름에는 공기가 안 통해 등의 피부가 짓물러져 피가 났다. 나는 그것을 볼 때마다 뒤돌아서서 울었지만 제니는 아프다고, 힘들다고 불평을 하지 않았다.

한창 멋 부리고 싶고 예민한 틴에이저 시절이었다. 그 큰 교정기를 입고 교복을 입으면 누구나 금방 알아보았다. 제니는 자신의 모습에 대해 신경이 많이 쓰이는 모양이었다. 10대 시절에 이렇게 볼품없는 교정기를 입고 있으면 성격이 변하고 대인 기피 현상이 생길 수 있을 것이다. 나는 다 이해하면서도 제니가 걱정이 되었다. 제니는 더욱 말이 없어지면서 저만의 내면세계에 머무는 것 같았다.

4년간의 척추교정기 시절은 졸업하면서 사라졌다. 수술 없이 교정으로 치료가 되었으니 정말 다행이고 감사한 일이었다. 더 이상 2주에 한 번씩 의사를 만나러 브롱스까지 가야하는 수고도 끝이 났다. 고통의 시간에서 벗어난 것이다.

제니는 12학년 중간부터 준비해온 학교 포트폴리오, SAT 성적 등 입학서류를 준비하여 4년간 장학생 자격을 주는 명문 쿠퍼 유니온 과학예술대학(The Cooper Union for the Advancement of Science and Art)에 지원서를 넣었다.

백만장자 피터 쿠퍼가 1859년에 뉴욕 맨해튼 이스트 빌리지에 설립한 대학으로 미국 최고 수준의 수재들만 입학하는 학교이다. 이 학교는 전액장학금을 주는 한편 공부도 깐깐하게 시킨다.(전액장학금 전통은 2014년까지 이어져왔으며 지금도 전체 재학생들에게 학비의 50%를 제공하고 있다.)

제니는 뉴욕에 위치한 세계 최고 명문 디자인 스쿨인 스쿨 비주얼 아트 파슨스(Parsons the New School for Design)에도 원서를 넣었다.

당시 나는 성수주일을 지키고자 파크웨이 병원 수간호사에서 평간호사로 스스로 내려가 투석 클리닉에서 일할 때였다. 수간호사에서 평간호사가 되니 월급의 3분의 1이 줄어들었다.

파슨(Parson)에서 인터뷰를 할 때였다. 제니를 인터뷰한 학장이 급히 내게 오더니 말했다.

"제니는 15년 만에 한 번 배출하는 화가의 탤런트가 있어요. 일년에 한 학생만 50%장학금을 주는데 제니를 파슨에 입학시켜주면 그 장학금을 주겠습니다."

그래서 나는 쿠퍼 유니온 대학에 안 되면 그렇게 하겠다고 했다. 제니는 이곳저곳에서 모두 장학생으로 선발되었는데 마지막으로 연락이 온 큐퍼 유니온에 합격이 되었다.
 하늘에 별 따기 만큼 어려운 이 대학에 합격이 되었으니 더 이상 선택의 여지가 없었다. 제니는 1년에 등록비 320달러만 내고 입학을 했다.
 내 봉급이 줄어든 것을 하나님이 아시고 그보다 더한 축복으로 제니를 인도하신 것이다. 세인트 프랜시스 고등학교를 졸업할 때는 같은 학교 동기들이 모두 제니에게 몰려와 사인을 해달라고 했다. 제니가 앞으로 유명인사가 될 것이라는 것이다.
 고등학교 시절 제니가 그린 정물화는 참으로 훌륭하다. 은은한 파스텔톤 색감과 신비한 꽃의 조화가 마음의 평화를 준다. 나는 평생 내 거실에 제니의 그림을 걸어놓고 보고 있는 중이다.
 그런데 이 어려운 학교에 입학을 해놓고 6월말에 졸업식도 잘 치른 제니가 어느 날부터 하루종일 침대에만 누워있었다. 본래부터 늘 집에서 조용히 책을 읽고 혼자 있는 것을 좋아하던 제니는 별로 식사도 하지 않았다.
 졸업 후 한 달이 지난 7월 중순에야 제니의 체중이 많이 줄어든 것을 발견했다. 기운 없이 누워있는 아이의 체중을 재어 보니 120파운드이던 몸무게가 100파운드가 되지 않았다. 깜짝 놀라서 아이를 자세히 살펴보았다.
 164㎝ 키에 늘 마른 편이었지만 이제 보니 뼈만 남은 것처럼 앙상했다. 눈빛은 초점을 잃은 것처럼 희미하고 이름을 부르니 대답도 느렸다. 어떻게 된 거냐고 다그쳐서 물었다.

"그간, 밥을 거의 먹을 수 없었어요. 나는 내가 400파운드 비만으로만 보여요."

그때에야 제니가 거식증에 걸린 것을 알았다. 미국 틴에이저들 중에는 거식증 환자가 꽤 많았다. 거식증이 심해져서 심지어 목숨을 잃는 경우도 있었다. 바로, 뉴욕의 거식증 센터 전문의와 상담을 하였다.

'영양치료와 정신 치료를 함께해야 한다. 이 병은 완치가 힘들고 평생을 갈 수도 있다.'고 한다.

투석실에서 일하면서 나는 처녀 때 거식증이 발병한 환자들을 잘 알고 있었다. 치료비도 나의 한 달 봉급만큼이나 비쌌다. 남편의 가발 사업은 사양길로 들어서 생활에 별로 도움이 안 될 때였다. 나는 거식증이라는 말을 듣자 눈앞이 아득해졌다.

"제니가 96파운드로 내려가면 생명의 위험이 있다. 그때는 억지로 입원을 시켜 튜브로 음식물을 투여해야 한다."고 한다.

제니는 몇 수저만 입에 넣어도 토해버렸다. 두 달 후면 그렇게 힘들게 들어간다고 남들이 모두 부러워하는 대학 입학이다. 총명하고 앞날이 구만리 같은 내 딸아이의 앞날이 깜깜해지니 그야말로 미칠 것 같았다. 그동안 아침 출근 전에 기도가 끝나면 점심을 잘 준비하여 상에 차려놓고 제니에게 꼭 먹으라고 했었다. 제니가 먹지 않고 그대로 쓰레기통에 버리는 것을 몰랐던 것이다.

나는 주님께 매달리는 방법밖에 없었다. 우리 제니를 회복시켜 달라고 울부짖는 것만이 내가 할 수 있는 일이었다. 남편은 평소 내가 교회에 나가는 것을 핍박해 왔었다. 그런데 믿지 않은 남편의 십일조가 회개가 되었다.

직장에서 집으로 돌아오면 가장 먼저 제니에게 달려가 몸무게부터 재었다. 99파운드!

의사가 98파운드면 강제입원을 시키라 했었다.

이제는 아이를 병원에 입원시켜야 했다. 제니는 정신마저 멍하니 나간 듯했다.

"너 먹지 못해서 병원에 가야 해."

제니가 그러겠다고 한다.

다음날 아침, 나는 주님께 눈물로 기원했다. 제니의 병을 낫게 해달라고 주님을 부르짖는데 주님의 음성이 들려왔다.

"지금 제니에게 가서 안수기도를 하여라."

나는 바로 제니의 방으로 가서 자고 있는 제니에게 안수기도를 시작하였다. 기도 후에 직장에 출근, 투석 센터에서 일을 하고 있지만 일이 손에 잡히지 않았다. 3시에 퇴근하여 집으로 가서 바로 제니의 방으로 갔다.

"오, 마이 갓!"

제니가 침대에 걸터앉아 있는 것이다. 아프기 전처럼 똘똘한 얼굴에 환하게 웃으면서 말했다.

"엄마, 나 오늘 엄마가 해놓은 점심 다 먹었어. 나 이제 밥 먹을 수 있어."

나는 얼마나 놀라고 기쁜지 저절로 '오, 주여!' 소리가 나왔다. 침대에 기운 없이 누워 정신조차 몽롱하던 제니는 정상으로 돌아온 것이다. 나는 제니를 끌어안고 엉엉 울었다.

"하나님의 치유 능력이 임하여 거식증이 떠나가 버렸구나. 감사합니다, 주님."

그 다음날도 기도 중에 제니에게로 가서 안수하라는 성령의 음성을 들었다. 나는 제니의 침대로 가서 또 안수기도를 하였다. 그때가 8월 중순이었다.

그때부터 제니는 세 끼 식사를 주는 대로 먹었다. 9월 초순 대학에 입학하기 며칠 전에는 118파운드로 거의 정상 체중으로 회복되었다. 그리고 9월 6일 아침, 친한 친구와 함께 건강한 모습으로 쿠퍼 유니온에 등교를 했다.

그 모습을 보는 나의 마음은 얼마나 벅찼는지 모른다.

"하나님, 감사합니다. 정말 감사합니다."

내 딸이지만 제니에게 많은 것을 배우며 살아왔다. 자신의 재능을 자랑하지도 않고 남의 말을 하는 법도 없고 더욱이 불평불만은 들어본 적이 없다.

제니는 결혼한 후 연봉 15~18만 달러 잡을 포기하고 두 딸을 키우려고 프리랜서로 일했다. 두 딸을 낳아 정성으로 키우면서 개인 웹사이트에 10년간 정기적으로 에세이를 올렸는데 2만 명 세계인들의 팔로우(follow) 구독자들이 있었다. 진솔하고도 탁월한 글 솜씨는 엄마인 나도 감동시킨다.

2009년 5월 9일 어머니날을 맞아 제니가 블로그에 올린 편지 '엄마(mom)'를 소개한다.

저는 꽤 오랫동안 하고자 했던 이야기를 하고 싶어서 저의 미니 블로그를 쉬려 합니다. 저희가 사업을 시작하고 나서 저는 엄마를 자주 떠올립니다. 겁 없이 새로운 일에 뛰어드는 엄마의 모습을 보며 엄마는 저의 롤 모델이 되었습니다.
사업을 고려하고 있던 저희에게 주위사람들은 그냥 안전하게 살던 대로 살라고 했지만 엄마는 제게 한번 해보라고 응원해 주셨지요. 저와 저의 엄마는 다른 모녀들처럼 친구 같은 관계는 아닙니다. 하지만 저의 엄마는 제가 가장 동경하는 사람입니다. 말로 표현할 줄은 모르지만요.
간혹 일이 너무 버겁게 느껴질 때는 저는 엄마가 겪은 일들을 생각하며 마음을 다잡습니다. 엄마는 71년에 아주 적은 영어 지식과 단 200달러를 가지고 가족들 중 처음으로 미국에 오셨습니다. 한 살인 저를 한국에 두고 미국으로 떠나서 뉴욕에서 간호사로 일하셨죠. 저희 엄마는 6·25전쟁을 겪으며 자라셨고 가족들과 함께 인민군을 피해 서울에서부터 부산까지 걸어야 했던 기억을 갖고 계십니다.
아버지 없이 영화에서나 볼 법한 어려운 환경에서 자랐고 이제는 엄마와 이모들은 그때를 회상하면서 웃고는 합니다. 한번은 아버지가 서너 살 된 그녀가 너무 많이 운다면서 발가벗긴 채 밖에 서 있도록 벌을 준 적이 있다고 제게 말해준 적도 있습니다.

저 역시 마냥 행복하기 만한 가정에서 자랐다고 하지는 못합니다.(거의 가정이 깨어질 뻔한 적도 여러 번 있었죠.) 하지만 엄마는 항상 저희를 위하셨고 본인이 주지 못하는 것들을 주고자 하셨습니다.

이기주의적이고 화만 가득 했던 십대 시절에는 저의 작은 세상에만 사로잡혀있어 엄마가 대학을 마치려고 밤마다 깨어있고 언제부턴가 부동산으로 직업을 변경하셨다는 것을 알지 못했습니다.

새로운 직장에서 성공하고 인정을 받으시던 중, 경제가 안 좋아질 무렵 엄마는 위험을 감수하고 동업을 시작하셨습니다. 오늘까지도 엄마는 일주일에 7일 일하십니다.

엄마는 바빠 지내지 않으면 생각이 너무 많아진다고 합니다. 저도 그래요. 이것은 제가 엄마한테 물려받은 것 같네요. 제가 물려받지 못한 것은 기회를 잡기 위해 위험을 감수하는 두려움 없는 자세와 실패하면 돈과 약간의 자존심을 잃을 수도 있다는 이해력과 후회하며 뒤돌아보지 않을 자신감인 것 같습니다.

슬프게도, 엄마의 순수하고 완전한 헌신적인 모습과 누구라도 넘어졌을 힘든 가운데서도 지켜낸 긍정적인 마음 역시 저는 이어받지 못했죠. 하지만 저는 매일 그 모습을 닮아가고자 노력하고 있습니다.

오늘은 어머니날입니다. 미아는 오늘을 엄청나게 기대하고 있었어요. 그 모습을 보면서 저의 어린 시절 어머니의 날은 어떠했는지를 기억해 내려 하고 있습니다. 제가 세 살이었을 때 2년 만에 뉴욕에서 엄마와 재회했지요. 저는 발로 차고 소리를 지르며 엄마를 거부했습니다.

그런 저를 보며 엄마는 마음 아파 하셨지요. 당연히 결국엔, 엄마를 받아들였지만 엄마와 저의 재회는 쉽지가 않았습니다. 엄마를 본 첫 기억이 세 살이 되어 2년 만에 본 엄마를 거부하던 기억입니다.

제가 뚜렷이 기억하는 어머니날은 제가 여섯 살인가 일곱 살 되던 해였습니다. 그때 저는 혼자 가게로 걸어가서(시간이 많이 변한 듯하죠?) 심각하게 생각한 다음 선물을 골랐습니다. 손에 선물을 꽉 쥐고 엄마한테 줄 생각에 신나하며 집으로 걸어간 기억이 납니다. 그 선물은 작은 고무 벅스 버니 모형이었죠. 왜 골라도 그걸 골랐는지는 묻지 마세요.

그리고 엄마는 그게 세상 최고의 선물인 양 좋아하며 받으셨던 기억이 납니다.

고마워요, 엄마.

3개월(왼쪽), 3살 된 딸 Jennifer를 안고 있는 젊은 엄마 할리 박

# 3.
## 간호사에서 부동산 중개인 전업

2007년 켈러 윌리엄스 랜드마크 창업. 전직원이 한 자리에 모였다.

## 새로운 도전


　내가 일하는 퀸즈의 유대인 병원에서 한 블록 거리에 아담한 미국 장로교회가 있다. 주일예배를 그곳에서 보았는데 몇 년 후에 한인 장로교회가 들어왔다. 나는 일하지 않는 날에는 어머니를 모시고 그곳에 함께 가서 예배를 드렸다.
　한인교회가 유대인 거주지 안에 문을 여니 지역적으로 인해 한인 교인 수는 60~70명에 불과했다. 그러나 작은 공동체 안에서 성도들은 가족처럼 가깝게 지내는 교회였다.
　나는 학생 시절부터 봉사해온 찬양대는 물론 선교와 여성부 회장도 맡아서 봉사를 했다. 그러나 간호사의 직업특성상 주일에도 일을 하는 날이 있어 매주가 아니라 격주로 예배를 드려야했다. 성수주일에 대한 신앙적 갈등이 일었다. 나의 천직은 병으로 고통당하는 환자 간호라 생각해 왔지만 앞으로 두 아이들이 대학을 갈 때 감당해야 할 학비문제를 떠올리면 답이 없었다. 나의 다른 도전이 당면과제였다.

병원장들은 내게 매주일 쉴 것을 배려해 주었다. 그러나 그렇게 한 지 일 년도 안 되어 간호사가 부족하자 동료 수간호사들이 불만을 표시했고 나는 다시 격주로 근무하게 되었다.

결국, 나는 병원에 사직서를 내었다. 17년 동안 근무한 파크웨이 병상 근무를 사퇴하고 주일날 쉴 수 있는 엘머스트 지역의 투석센터로 직장을 옮긴 것이다. 수간호사 자리에서 내려와 성수주일을 지킬 수 있는 투석센터로 옮기면서 봉급 3분의 1이 삭감되었다. 그러자 주님은 딸 제니를 4년간 풀 스칼라십을 주는 명문대 쿠퍼 유니온 대학에 입학시키면서 학비 문제를 해결해 주셨다.

나는 교육청에 원서를 내었고 교사직도 고려해 보았다. 간호사 경력과 정신심리학 학위자인 것을 보고 강력한 러브콜이 왔다. 80년도 후반에 한인사회가 커지면서 한인 이민자들이 몰려 사는 플러싱 지역 초등학교에 이중 언어 교사가 절실할 때였다. 나는 교사직보다 투석 클리닉으로 결정했다.

당시 미국 기독교 방송국 산하 패밀리 라디오에서 신학과정을 통신으로 공부하고 있었다. 기도를 하며 하나님의 전도자로서 콜링(calling)을 주님의 뜻을 구하는 중이었다.

그러던 중 70년도 초에 도미한 4년 후배인 란이 '언니와 같이 점심식사 하고 싶다.'고 해서 그녀가 사는 동네 바닷가 앞 레스토랑에서 만났다. 나는 저렴한 GM차를 타고 갔는데 란은 고급승용차 재규어를 타고 나를 만나러 왔다.

란은 수년 전에 병원에서 이직하고 부동산 중개인으로 있다면서 간호사보다 몇 배의 수입을 올리는 지역의 탑 중개인이라고 자기를 소개했다.

"언니도 나처럼 부동산 중개인으로 전업할 의향이 없느냐?" 면서 "나는 아이가 어려 시간적으로 풀타임을 못하니까 나와 팀이 되어 일하자."는 제안을 했다.

나는 하나님의 종으로서 콜링이 없던 때라 주님이 내 진로를 다른 곳으로 인도하시는 것 같았다.

한 학기를 끝내고 중개사 자격증을 받은 나는 파트 타임으로 일을 시작했다. 간호사로 일하고 일주일 중 3일은 쉬는데 이때 중개사 일을 한 것이다.

먼저 나는 신학을 접어야 했다. 주님 나라에 금그릇이나 큰 그릇이 되지 못하고 흙으로 만든 질그릇밖에 안 된다는, 극히 미천한 종임을 믿음으로 시인할 수밖에 없었던 것이다.

나를 인터뷰한 부동산 회사 매니저는 "너도 란처럼 성공할 수 있다."고 격려해 주었다.

그 오피스는 우리 집에서 30분 이상 떨어진 원거리라 여러모로 불편하여 좀 더 가까운 곳을 찾아보았다. 뉴욕타임스 부동산 난에 베이사이드 지역에 100년 역사의 대형 부동산회사 벤 라이프(Van Riper)가 있다는 것을 알았다. 우리 집에서 10분 거리였다. 그 회사를 답사한 후 사장의 딸인 매니저 페기와 인터뷰를 했다.

"당신은 이 분야에서 성공할 수 있다."

긍정적 용기를 얻은 나는 드디어 89년 1월에 벤 라이프 부동산의 파트 타임으로 들어갔다.

지금은 중개사도 기업처럼 조직화가 되어있다. 젊은 남자들이 에이전트의 70%이고 그들의 팀 수입은 웬만한 기업의 CEO급 수준이다.

80년도에는 여자들에게 각광받는 직업이 교사와 중개인이었다. 또 시대적 분위기가 부동산업이 활기를 띨 때였다. 70년도에 일찌감치 이민 온 한인들이 델리와 세탁소, 야채 가게로 성공을 하면서 집과 상가를 구입하기 시작한 80년대였다. 이민 초창기에 플러싱에서 렌트를 살던 한인들은 비즈니스가 안정되고 돈이 모이면 퀸즈에서 학군 좋다고 소문난 베이사이드와 더글라스톤 지역에 집을 장만했다.

벤 라이프 부동산 회사의 대형 오피스에서 일하는 70여 명의 에이전트 중에 현지인 미국부, 한국부(3명), 중국(1명) 에이전트가 있었다. 매니저는 한국부로 갈 것이냐고 하기에 나는 미국부를 택하였다.

인터넷은 물론 셀폰, 컴퓨터도 없던 시절이었다. 책상에 달랑 전화 한 대가 각 에이전트에게 배당되었다. 매달 뉴욕 부동산협회 본부에서 한 달에 한 번 모든 시장에 나온 매물 사진과 매물 정보가 담긴 책자 하나가 있을 뿐이었다.

이런 형편에 남들에게 연필 하나 팔아본 적도 없는 순한 명청이가 집을 팔아야 하다니, 막막하고 두려웠다.

"무엇을 어떻게 해야 하나?"

이 비즈니스에 대한 전문지식은커녕 정보는 물론 마케팅을 모르니 마치 깜깜한 어둠 속을 헤매는 것 같았다.

사무실의 70명 에이전트 중에 4명의 골든 에이전트가 특혜를 받고 있었다. 2명 현지인, 1명 한국인, 1명은 중국인이었다. 30년 전에 7만 5천 달러는 지금 35만 달러인데 그 커미션을 받는 이들이었다. 그에 비하면 나는 이제 시작한, 지극히 평범한 에이전트였다.

"저들이 이렇게 골든 에이전트가 되었는데 나는 왜 안돼?"

나도 할 수 있다는 자신감을 가졌다.

먼저 미전역에서 탑인 부동산 에이전트 3명의 트레이닝 코스를 각각 세 번을 마쳤다. 그러고 나니 어두웠던 내 시야에 노하우가 보였다. 그들의 성공적인 전문지식을 습득한 후 나의 마켓센터에 적용하기 시작했다. 나의 마켓센터 주택 소유자의 80여%가 50대~60대초 유대인 거주지로 대형 유대인 회당이 여러 개 있었다.

내가 17년 동안 유대인 병원에서 경험한 그들의 문화와 습관, 인간관계가 나의 제2의 직업에 많은 도움이 되리라고는 생각을 못했었다. 그런데다가 운전을 하면서 탑 에이전트의 성공적인 고객 관리, 마케팅에 관한 테이프를 늘 듣고 다니며 전문지식을 습득했고 비즈니스 서적들도 많이 읽었다. 이러한 일들이 내게 용기와 자신감을 주었다.

3월말에 나의 천직인 간호사의 길을 마감했다. 나는 인생에 큰 도전을 한 것이다.

"간호사 봉급의 세 배 이상 수입이 안 되면 다시 병원으로 복구하자."

나는 언제라도 돌아갈 수 있다는 생각을 하면 여유가 생겼다. 그 후 7년간 매년 간호사 면허를 갱신하기도 했다.

"주님, 최선을 다하고 나의 부족한 나머지는 주님의 능력으로 채우실 것을 믿습니다."

주님이 사랑하는 자는 모든 것이 합력하여 선을 이룬다는 성경 말씀과 내게 능력 주시는 자에게 모든 것을 할 수 있다는 믿음의 기도가 나의 모토가 됐다.

그런데 나는 그 기도를 이루었다. 부동산 중개인으로 일한 첫 해, 퀸즈 베이사이드 지역의 26집 매물을 성사시켜 그해 골든 에이전트가 되는 전례 없는 최고 기록을 세웠던 것이다.

흔히 부동산 중개업은 85%가 첫 해에 이직을 하고 20%가 2년 후 오직 5%의 에이전트가 살아남는다고 한다. 살아남은 에이전트의 75%가 2만 5천 달러 수입을 얻고 1%의 에이전트가 6자릿수 소득(digit income)에 0.5%는 대형회사 CEO의 수입을 올린다.

미국의 1989년은 블랙 프라이데이로 증권과 주식시장이 붕괴되고 경제의 마이너스 성장 타격으로 주택경기가 25%로 떨어지는 극심한 불황 시대였다. 이에 30%의 에이전트들이 이직을 할 때 나는 간호사란 안정된 직업을 과감하게 접고 에이전트가 된 것이다.

당시 경기 불황으로 모기지를 못 갚은 주택 소유주들이 은행에 차압을 당해 경매로 넘어 오는 경우가 많았다. 이 불황은 97년까지 계속 되었다. 나는 이 불황 속을 딛고 탑 중개인으로 지역사회의 유명인이 되었다.

1992년, 미국의 넘버1, 프렌차이스 리맥스(Re/max) 부동산회사의 세미나에 참석했다. 나는 마치 우물 안 개구리가 밖으로 나온 듯한 느낌을 받았다.

리맥스는 빌딩, 상가, 공장, 토지, 상가임대, 사무실 임대, 주거용 부동산, 부동산 매물을 찾아주는 대형 부동산회사였고 혁신적인 비즈니스 구조를 갖고 있었다. 나는 도전의식을 갖고 내 마켓센터에 첫 리맥스 에이전트가 되었다.

전통적으로 모든 마케팅이 회사 이름으로만 하고 에이전트의 실적이 회사 이름으로 되는 것은 물론 커미션도 반만 받던 때였다. 리맥스는 에이전트 중심으로 오로지 나의 비즈니스를 할 수 있었다. 회사에 데스크비만 내고 마켓팅과 매매의 모든 실적이 내 이름으로 하는 혁신적 운영이었다.

미전역의 성공한 리맥스 에이전트 마켓팅과 고객 관리 테크닉을 습득하여 내 마켓센터에 적용하였다.

그때 10년 역사의 리맥스는 5만 명의 에이전트가 있고 캐나

다와 몇 개 나라에 프랜차이즈로 해외마켓도 오픈되는 시기였다, 나는 3년 만에 커미션이 백만 달러 실적에 수여하는 홀 오브 페임(Hall of fame, 명예의 전당)을 받았다. 매년 35채 매매 실적을 낸 것이다.

생명을 다루는 간호업무와는 전혀 다른 나 자신의 비즈니스라는 자유로움으로 간호사 봉급 몇 배 이상의 수입이 있었다. 나는 아들 에디의 코넬대학 수의학과 4년과 딸 제니의 NYU 석사과정 교육비를 많이 충당할 수 있었다.

그 다음해인 1993년에 처음 부동산 중개사로 취업 인터뷰를 했던 부동산회사 벤 라이프가 100년 이상의 역사에도 불구, 경영난으로 문을 닫았다. 그곳의 에이전트와 리맥스의 운영에 관심을 가진 다른 오피스의 에이전트들이 리맥스로 들어와 2,000년부터는 퀸즈의 넘버1 오피스에 65명의 에이전트가 있는 회사로 성장했다.

2004년에 나는 65집 매매, 46밀리언 실적으로 뉴욕주 #2 리맥스 에이전트 상을 받았다. 그리고 커미션 300만 달러에 수상 공로로 영예의 대상을 받았다. 2005년에는 53밀리언, 85집 매매로 뉴욕 주 리맥스 1등 대상을 받았다.

이렇게 나는 뛰어난 능력의 탑 실력자로 인정을 받았다. 뉴욕한국일보 신문에도 부동산 관련 기사와 나의 수상 보도가 자주 나가 한인고객들도 많아지기 시작했다.

나의 고객은 미국 현지인 75% 이상, 한인 25%였다. 한인

사회에서 부동산 에이전트 '할리 박(Holly Park)을 모르는 사람이 없을 정도로 나의 마켓센터를 찾는 한인들이 나날이 증가했다. 때로 베이사이드 지역 한 블록에 나온 서너 개 매물이 모두 '할리 박' 사인판을 달고 있을 정도였다.

사실, 나는 내가 이 분야에서 넘버원이 된다는 것은 꿈에도 생각 못했다. 하나님은 내가 구한 것보다 더 큰 영광을 주시었다. 그리고 하늘의 곳간에, 요셉의 창고에 내가 선교와 구제를 하는데 필요 이상으로 너 풍성히 축복하셨다.

야곱의 11번째 아들인 요셉은 어려서부터 부모의 사랑을 독차지 했으나 형들의 미움과 시기를 받아 종으로 팔려갔다. 애굽의 왕이 요셉을 총리대신으로 앉히자 요셉은 첫 해부터 흉년을 대비했다. 7년의 풍년 동안에도 계속 흉년을 대비한 것이다.

고향의 가족들을 흉년이 되자 애굽으로 식량을 사러와 야곱을 만나게 되는데 그는 자신을 버린 형들을 용서, 온 식구를 불러 고센에 정착시켰다.

요셉은 110세로 세상을 떠나기까지 일평생 하나님만 믿는 믿음 안에서 순종, 성실, 인내로 살았다. 하나님은 요셉을 영광의 자리로 인도했다. 하나님의 풍성한 영적 축복과 물질적 풍성함이었다. 그의 곳간은 언제나 풍요로웠다.

## 디스크 첫 척추수술

　간호사 시절 동안 체구가 큰 환자들을 임상간호하다 보니 내 척추에 계속적인 무리가 왔다. 또 처음 마련한 집을 렌트 주고 콘도로 이사하는 과정에서 직접 짐들을 옮기면서 심한 무리를 했다. 드디어는 걸을 수 없을 정도로 디스크의 고통이 심해졌다. 보행마저 어려워지자 96년 1월초부터 나는 침대에 드러눕고 말았다.
　모든 치료를 다 받았지만 왼쪽 다리는 점점 마비 되어가고 화장실 출입도 어려울 정도로 극심한 통증이 왔다. 진통제나 수면제를 먹어도 소용이 없었다. 단 5분간도 그 통증에서 벗어날 수가 없었다.
　디스크에 스테로이드 주사를 주입하면 80% 효과를 본다는 시술도 3번이나 받았다. 그러나 변함없는 통증에 시달리면서 처음으로 주님의 십자가 고통의 실체를 조금이라도 깨닫는 것 같았다.

"주님은 얼마나 극심한 고통을 느꼈을까."

침실 창문으로 내다보이는 제 발로 걸어 다니는 사람들이 제일 부러웠다. 내 등이 왼쪽으로 휘어져 간신히 서너 발자국만 걷는 내 모습을 아는 직장 동료들간에 "수퍼 우먼 할리는 다시는 돌아오지 못할 것이다."는 소문도 났다. 주위에서 디스크 수술을 해도 성공 확률이 별로 높지 못하다고 말들 하니 남편은 내가 수술하는 것을 반대하였다.

남편은 나를 업어서 파킹장으로, 계단을 오르내리면서 진료소를 전전했고 한밤중에 자다가 일어나 물을 가져다주는 등 나의 수발을 모두 들어주었다. 어머니가 오셔서 집안일을 해주시고 가시곤 했는데 딸의 중증 질환에 걱정이 되어 돌아서서 우시곤 했다.

밤이면 사경을 헤매는 통증과 악몽에 시달렸다. 30년 전에 돌아가신 외할머니, 6·25피난 시절, 나를 정성으로 돌봐주시던 외할머니가 까만 머리를 푼 채 평소 입으시던 광목 치마저고리 차림으로 두 번이나 내 이름을 부르는 꿈도 꾸었다.

4월초에 남편이 한국에 나간 사이에 수술을 받기로 했다. 외과의와 병원을 결정하려니 도무지 누가 디스크 수술을 잘 하는지, 누가 나를 다시 정상으로 걷게 할 수 있는 지 결정하기가 힘들었다.

인터넷에서 찾은 열댓 명의 디스크 외과의 이름을 떠올려놓고 나는 주님께 기도를 했다. 드디어 닥터 로젠버그로 결정하고 오피스로 그를 만나러 갔다. 목발을 가지고 가지 않아 힘든 거동이었다.

파킹을 하고 복도로 걸어가는데 단 열 걸음을 못가고 쪼그리고 앉았다. 잠시 후 겨우 일어나서 열 걸음을 걸었다. 그렇게 힘들게 걸어서 나이 지긋한 로젠버그를 대면했다.

"나는 롱아일랜드 유대인 병원 신경외과 과장이오."

노련해 보이는 의사를 만나니 신뢰가 가고 마음이 놓여 안도의 숨이 쉬어졌다.

"감사합니다, 주님."

수술은 예상보다 배로 걸렸다. 수술 후에 닥터 로젠버그는 자기가 평생 동안 한 디스크 수술 중에 이렇게 난해한 수술은 처음이라고 말했다. 몇 개의 디스크와 협착증이 심했다고 한다.

다음날 아침, 나는 수술로 인한 마취와 깊은 잠에서 깨어났다. 마비되었던 왼쪽 엄지발가락을 움직이니 감각이 오는 것이 아닌가. 움직이는 것을 스스로 느낄 수 있었다.

"오, 주님, 감사, 감사합니다."

등의 15㎝가 넘는 부위에 드레싱이 있는데 도무지 수술 부위에 통증이 없었다. 아침 일찍 회진하던 닥터 로젠버그가 통증이 심할 테니 그때마다 모르핀을 맞아 통증을 완화시키라고 권했다. 그런데 통증이 없는 것이었다. 나는 모르핀이 없어도 통증을 느껴지지 않았다. 주님의 그 놀라운 은혜의 기적이 또 내게 임한 것이다.

물리치료로 걷기 운동을 시작하였고 2주가 지나, 오피스를 나온 지 꼭 넉 달 만에 운전을 하여 출근을 했다. 운전을 하여 직장으로 가면서 그 감사와 감격이란 이루 말할 수가 없다. 합병증 증세는 여러 가지 있었지만 수술 자리가 정상으로 회복될 때까지 단 한 번도 통증약이 필요 없었다면 아무도 안 믿을 것이다. 그러나 나는 그랬다.

"주님, 다시 걷게 하시니 감사합니다. 닥터 로젠버그, 참 감사합니다."

아침 일찍 찬란한 햇빛을 받으며 출근하는 차안에서 나는 몇 번이고 감사드렸다. 다시 똑바른 서서 내 발로 걸어간 오피스에서 동료들을 만나고 이야기를 나누는 시간이 참으로 고맙고 귀했다.

4개월간 병상에서 고난의 시간을 보내는 동안 교인들과 지인들로부터 꽃과 음식이 끊어지지 않고 들어왔었다. 나는 많은 사랑의 빚을 지고 몸이 정상으로 돌아왔다.

이러한 디스크 수술은 내게 부분 장애를 안겼다. 몸을 굽힐 수가 없고 무거운 것을 들지 못하니 핸드백도 작은 것으로 들어야 한다. 2시간 이상 앉아있는 것은 금물이다 보니 먼 비행여행은 엄두를 못 낸다. 부엌일도 2시간 이상을 견디지 못한다. 언제 어떻게 척추에 무리가 가면 다시 주저앉을 수가 있는 것이다.

그래도 나는 극심한 통증에서 벗어났고 수술이 성공하지 못했다면 휠체어에 앉는 중증 장애인이 될 처지에 주님 치유의 임재로 다시 걸을 수 있었다.

 이 커다란 축복을 어떻게 감사해야 할까. 주님의 많은 은혜를 받은 자는 그 은혜를 세상에 전하시기를 원하신다.

## 성령수술


　하나님 은혜의 빚진 자로써 평신도의 삶이 아닌 주님께 생명을 구하는 하늘나라 영광을 위해 내가 쓰여지고 싶은 내면의 도전이 있었다.
　에디가 대학에 들어가 집을 떠나면 남편과 헤어지겠다고 주님과 흥정의 기도를 하여 왔었다. 아들이 대학에 가고 그해 8월 중순, 하나님과 담판을 하려고 존스 비치 모래사장에 앉았다.
　근 이틀간 저 수평선 너머로 주님이 내게 응답하셔야 한다고 간구했지만 하나님은 남편 구원에 대한 응답을 주시지 않았다. 25년간 한결같이 주님을 핍박하는 남편에의 구원의 기도가 응답이 안됐고 신앙의 핍박이 날로 심해져 눈물을 흘릴 때가 많았다.
　"주님, 내가 어떡해야 하나님이 살아계시며 기도로 응답하시는 것을 증거할 수 있는지요. 응답 없는 주님, 원망스럽습니다."
　"하나님은 살아계시지 않아, 내 기도를 들어주시지 않아. 이젠 나도 내 길로 가야겠어."

나는 더 이상 교회에도 갈 수 없었고 주님이 안 계시다고 부정을 하니 나의 정체성에 심한 혼란이 온 것이다.

80년도 미국의 인기프로 'twilight' 시트콤 주인공처럼 갑자기 나라는 존재에 혼돈이 왔다. 사람의 인기척이라고는 없는 텅 비고 낯선 도시 한복판에 내팽개쳐진 것 같았다. 공허감, 존재에 대한 상실감에서 오는 이방인의 처절한 고독감에 깊이 빠지게 되었다.

"나는 누구인가, 나는 왜 이 자리에 이렇게 있는 것인가, 나는 어디에 있는 것인가."

극심한 자아의 상실과 혼돈이 왔고 나는 한참 후에야 겨우 일어나 집으로 간신히 왔다.

"나는 내일 아침, 이 집을 떠날 거야."

여행 가방 두 개를 싸놓고 떠날 준비를 했다.

저녁 무렵 변기에서 볼 일을 보았는데 대변에 피가 잔뜩 묻어있는 것이 아닌가? 너무 놀라서 고무장갑을 끼고 내진을 했다. 크고 검은 자주색의 포도 송이만한 혹이 내 머리 속 영상으로 각인되고 손에 그것이 짚어졌다. 손을 빼니 피가 엄지손가락에 송글송글 묻혀 나왔다. 급히 내과전문의 닥터 카프만(Kaufman)에게 대장 출혈이 있다고 말하고 1주일 후에 내시경 진료를 받기로 했다.

어릴 때부터 나는 심한 만성 변비로 고생을 해왔다. 20대말과 40대 젊은 나이로 항문탈장 수술을 두 번이나 받았었다. 내 몸에 나타난 여러 증세로 보니 나는 손에 잡히는 그 혹이 대장암 같았다.

나는 다급했다. 원망하던 주님을 다시 부르기 시작했다.

"히스기야에 허락하셨던 15년의 생명을 제게도 허락하시옵소서."

25세에 유다의 제13대 왕으로 즉위한 히스기야는 29년 동안 나라를 잘 다스렸다. 하나님의 놀라운 구원의 손길로 신흥 제국 앗수르의 침입을 벗어날 수 있었는데 그즈음 히스기야는 그만 죽을병에 걸리고 말았다.

경건하고 선한 삶을 추구해온 히스기야는 눈물로써 하나님께 기도했다. 하나님 앞에 가식이 없고 꾸밈이 없었던 히스기야의 정직성이 하나님의 응답을 받아냈다. 15년 동안 삶을 연장시켜 주겠다는 것이었다. 그렇게 히스기야의 병은 씻은 듯이 나았다.

나는 내가 암으로 죽는다면 이 믿음 없는 내가 어떻게 하나님 심판 앞에 설까 하는 두려움, 생명을 주시면 주님께 충성하겠다는 다짐의 기도였다.

잠시 흔들렸던 나의 정체성이 다시 본연의 자아로 돌아오면서 하나님의 나에 대한 구속의 사랑과 인도하심에 반항을 멈추었다. 다시 순종하는 믿음으로 그리고 하나님의 주권을 믿고 절대적으로 신뢰하는 눈물의 기도를 드렸다.

10일후에 닥터 카프만 오피스로 갔다. 파크웨이 병원에서

17년간 근무하며 늘 보던 의사라 우리는 아이들 이야기, 근황을 오랜만에 서로 나누었다. 국부마취(그 당시엔 전신마취를 하지 않았다.)로 대장암 검사를 하고 있던 카프만이 물었다.

"할리, 너 수술 받은 적 있냐?"

"노우, 무슨 소리야?"

카프만은 머리를 갸우뚱 하며 말했다.

"대장에 금방 수술한 자리가 선명하게 있어."

"오, 마이 갓. 정말이에요?"

너무 기뻐서 카프만에게 댕큐를 남발했다. 암 같은 혹이 없단다.

얼른 옷을 입고 병원 건물 앞문을 나서는데 강한 하나님 음성이 내 머리를 때렸다.

"이래도 네가 하나님이 없다고 하느냐?"

"오, 주님, 주님이 하셨군요."

하나님의 손길이 내 병을 수술하신 것이다.

18살이던 그때 죽으려고 작정하였지만 습관적으로 발걸음이 교회로 향하곤 하던 그때 처음 들었던 하나님의 음성 "네 몸은 성령이 거하는 하나님의 전이다." 내 머리를 강하게 때린 그 음성이 두 번째로 들린 것이다.

"감사합니다, 감사합니다. 주님!"

나는 회개하며 다시 주님께 돌아왔다. 남편과의 헤어짐은 주님의 뜻이 아님을 받아들였다. 그리고 이 작은 질그릇만한 믿음밖에 못되는 죄인을 사랑하시고 부르시며 간섭하시고 인도하시는 주님께 온전히 순종하여야 함을 알았다. 주님을 떠나서는 나는 존재할 수 없다는 것, 나의 모든 것이 그리스도 안에 속해 있다는 것도 깨달았다.

그 후 15년(히스기야가 연장받은 15년)이 지나고 나는 주님이 내게 허락하신 생명의 수가 끝나는 것이 아닌가 싶었다. 한번 그런 기분이 드니 얼른 내 주변 정리부터 해야겠다 싶었다.

황 목사님은 '권사님은 아직 하실 일이 있어서 주님이 안부르신다.'고 하셨지만 나는 할 일을 해야겠다 싶어서 마음이 급했다.

투자용으로 가졌던 다세대 주택을 팔아서 제니의 콘도 다운페이로 28만 달러를 마련했다. 그리고 제니가 세들어 살던 팍슬롭(Park slope)에 신축된 베드룸 3개짜리 콘도를 68만 달러에 사서 딸네를 그곳에 살게 했다.

그리고는 내가 할 일을 다 한 것 같은 기분이 들었는데 하나님은 나를 데려가지 않았다. 나는 지금, 멀쩡히 잘 살고 있다. 주님이 내 생명을 더 연장시켜주시어 감사했다.

## 양로원 방문과 장애우 봉사

나는 주님께 서원 기도한 일을 지켰다.

척추수술을 받은 해인 96년부터 퀸즈 칼리지 포인트에 있는 양로원(nursing home)의 세 병동에 한인 노인들이 장기간 입원해 있다. 나는 이 한인환자들을 심방하는 목사님 팀과 합류했다. 매주 화요일 오전 9시에 만나서 병동을 돌면서 열다섯 명의 환자를 심방했다.

처음에는 여러 사람이 한꺼번에 같이 가니 나의 개인적 기도나 대화 시간을 가질 수 없어 반년 후 나는 혼자 매주 화요일 오전 9시에 방문하였다. 12시까지 한 분씩 만나 손을 잡고 찬송, 기도를 하고 이야기를 나누면서 필요한 소품들을 나누어 주기도 했다.

환자 중에는 40대 중년 남성 이선생이 있었다. 해양사고로 불구가 되어 걷지 못하는 장애인으로 휠체어 신세를 지고 있었다. 여러 장기와 시력의 손상으로 2년 이상 장기 입원해 있었는데 우리 교회의 신실한 교인 안수 이집사의 오빠였다.

다른 노인환자보다 특히 이선생의 손을 붙잡고 하나님 치유의 능력이 임하여 회복되기를 간절히 기도했다. 양로원에 있는 노인들은 자녀들이 모두 있지만 가족들이 방문한다는 이야기를 들을 수 없었다. 그래서인지 노인들은 매주 화요일이면 군것질 과자 등을 사서 방문하는 나를 몹시 기다렸다. 내가 기도를 하면 "아멘." 하고 힘차게 대답하셨다.

이선생은 기도의 힘인시 조금씩 차도가 보이더니 휠체어에서 일어설 수 있게 되었다.

"주님의 치유로 회복되면 걸어서 교회로 오셔야 됩니다."

매주 그를 붙잡고 주님께 간구했고 양로원 정문을 나올 때면 병중에 있는 노인들과 이선생이 불쌍해서 눈물이 쏟아졌다.

"주님, 저들에게 자비를 베푸소서."

아무리 바빠도 화요일 아침 일찍 일어나 환자들에게 줄 소품과 간단한 간식을 준비하여 4년간 그들을 방문하였다.

어느 저녁, 이집사의 전화가 걸려왔다. 울먹이면서 오빠가 죽었다고 한다.

"아니, 그게 무슨 소리야?"

이선생은 갑자기 내장이 꼬여서 사망했다고 한다. 빈소로 달려가니 목사님 부부, 이집사 부부만 있는 초라한 장례예배였다. 나는 관 앞에 엎어져서 엉엉 얼마나 울었는지 모른다.

'조금씩 차도가 있어 휠체어에서 일어나 한두 걸음 걸을 정

도로 좋아졌는데, 다음해 추수감사절에는 걸어서 교회로 오기로 약속하였는데….'

이선생 빈소에서 반시간을 운 뒤로는 4년을 방문하여 봉사한 양로원에 더 이상 갈 수가 없었는데 성령님은 나를 다른 곳으로 인도하셨다.

림목사님이 처음으로 장애우 예배를 교회에 개설하셔서 장애우를 자식처럼 사랑하고 돌보는 김소장이 플러싱에서 30여 명의 장애우를 차에 태워 교회에 왔다. 주일 11시에 따로 예배를 드리는데 나는 봉사자로 참석하게 되었다.

자아와 이성 있는 정상인 중에 죄인이 아닌 사람들이 있을까, 하늘 아래 온전한 자가, 죄 없는 자가 없다고 하셨다. 장애우들은 순수하고 천진스러웠다. 이들은 순수한 본성의 욕구 외에는 죄를 짓지 않는다.

혼자 감당을 못하여 도움이 필요한 이들, 가장 나약하고 소외된 아이들, 이들과 함께 찬송을 부르고 예배를 보면서 점심식사 하는 것을 도와주었다. 필요한 것을 준비해 장애우의 집을 방문하기도 했다.

이민 역사가 길어지면서 점차 한인 이민자들이 많아지고 가족 중에 장애우를 둔 한인가정도 늘어났다. 장애인 학생이 장애우를 위해 설립된 학교에 등록하면 한 아동당 소셜 워커, 스피치 테라피, 물리치료사, 정신과 의사, 이렇게 4명이 한 팀이 되어 집을 방문했다. 모든 생활환경과 장애 아동에 대한 전반

적인 접속을 하여 아동에 필요한 혜택과 치료를 하게 된다.

그런데 한인 부부들의 언어 소통이 안 되는 문제점이 있었는데 나의 고객인 유대인 한 사람이 이 프로젝트를 담당하고 있었다. 그는 내게 시간당 40달러로 통역을 해달라고 했다. 나는 보수 없이 자원봉사자로 나섰다.

2년이 지난 후 장애인 한인학생수가 많아졌고 나의 비즈니스도 바빠져서 그때부터 통역하는 사람에게 보수를 주게 했고 나는 더 이상 장애우 봉사를 할 수 없었다.

제일 낮은 곳에 자리하여 욕심, 교만이 무엇인지도 모르는 천진한 아이들. 가난한 심령의 사회에서 버림받은 아이들. 장애우 부모, 특히 평생 희생과 아픔 속에 사는 어머니들을 옆에서 지켜본 나는 또 하나님께 대들었다.

"공평치 못해요. 하나님, 너무 하셔요."

"주님, 저들 장애인들이 주님의 영광을 위함이라고요. 그러나 본인과 가족은요? 그들이 평생의 고통을 지니고 살아야 하는 게 공평하지 않아요."

그래도 어린 양 같은 저들을 안고 기도하면 하나님께서 들어주실 거라는 소망을 가졌다. 나의 기도는 끝내 한 아이에게도 응답이 안 되었다. 나는 시온찬양대 대장을 두 번이나 맡게 되면서 오전 11시 장애우 예배에 더 이상 참석할 수가 없었다. 이렇게 9년간 지속되었던 그들과의 예배는 끝이 났다.

"모든 것에는 때가 있다.(There is time for everything)"

내 삶에서도 주께서 인도하시는 여러 분야에 다 때가 있는 것이다. 내 안에 성령이 나를 인도하면 나는 순종하고 그 길로 주저 말고 믿음 안에 행해야 한다. 내가 하고 싶어도 내가 할 수 없을 때가 있어 후회하지 않기 위해서.

## 멕시코 르와니아 교회 건축

나의 주택매매 첫 고객은 교회의 구장로님이었다. 준비한 가격에 맞는 아담한 케이브 모양의 주택을 계약하던 중에 전도사인 아들에게 집을 보여주고 싶다고 했다. 주일예배 후 스태튼 아일랜드 한인교회 전도사인 아들이 집을 보러 왔다. 타고 온 차량이 GM사 캐딜락이었다.

그 차를 타고 온 그의 언행이 어찌나 불손하고 거만한지, 내심 '저런 자가 전도사로 있는 교회가 심히 걱정되네' 할 정도로 내 속을 뒤집었다.

"무슨 전도사가 저런 고급차를 타고 다녀!"

구장로님은 그 집을 구입했고 막내딸을 결혼시켜 사위와 함께 편하게 그 집에서 사셨다. 그 후 나는 구전도사를 까맣게 잊어버렸다.

그러다가 목사님이 출타한 수요예배에 멕시코 오지에서 선교하는 구전도사가 설교를 한다고 했다. 부모님을 뵈러 뉴욕에 온 길에 설교를 하는 그를 보고 나를 깜짝 놀랐다. 그는 10여 전 만난 거만한 전도사가 아니었다. 멕시코 오지에서 전도사역을 하는 그는 참으로 겸손하기 짝이 없었다.

"무엇이 그를 이렇게 달라지게 했는가."

주의 크신 사랑으로 공손하게 멕시코인들을 섬기는 것인지, 그는 완전히 다른 사람이 되어 있었다.

구장로님은 가족과 함께 아르헨티나로 이민 갔다가 미국으로 이주하였기에 구전도사는 스페인어에 능통했다. 선교지에서 언어 문제는 없는 것이다. 그는 멕시코 시내에 입양한 멕시코인 아들과 둘이 살면서 주일 새벽에 4~5시간 운전하여 첩첩산골 오지로 들어간다고 한다. 주민들을 야외에 모아놓고 설교를 하는데 도중에 비가 오면 주민들이 뿔뿔이 흩어진다고 했다. 그래서 그곳 땅을 사서 교회를 짓고 싶다고 자신의 선교지 실태를 설교했다.

갑자기 내 안의 성령의 음성이 "네가 저 땅을 사라."고 하신다. 교회를 지을 부지는 5천 달러였다.

당시 나는 콘도를 동생에게 팔고 롱아일랜드 로슬린에 제법 큰 집을 사고 막 이사한 후였다. 그리고 롱아일랜드 힉스빌에 상가 5개의 쇼핑몰 건물을 손님에게 보여주다가 '저 상가 건물을 내가 사야겠다'는 생각이 들어 은행에 에쿼티 론을 신청한 후였다. 다음 주에 32만 달러의 융자액을 클로징하게 되는데 나는 그 돈이 은행 돈임에도 내가 부자가 된 기분이었다.

"주님, 저 돈 없는데요. 그것은 2차 모기지 빚이요 융자인데…."

10년 경력을 지닌 나의 에이전트 수입은 연 40만 달러에 가깝지만 마켓팅, 텍스를 빼면 반 정도가 내 수입이다. 십일조와 구제헌금, 딸의 대학원과 아들 수의학과 학비를 내면 생활비가 남을 뿐이었다. 그때에도 나는 예금통장(Saving Account)이 없었다.

그런데 나는 이 부지를 샀다. 그리고 2년이 걸려서 교회와 나의 헌금으로 멕시코 첩첩산골 오지에 교회가 건축되었다.

내가 다니는 교회는 초창기 이민교회로 20년이 넘었지만 성전 건축에는 엄두를 못 내었다. 나는 내 생전에 나의 교회 성전 건축에 대해 기도를 많이 했고 거의 10년을 건축 헌금을 해왔다.

70년대에 맨해튼과 브롱스, 브루클린 등에 흩어져 살던 한인들은 주일이면 매주 교회에 나가 친목을 다졌다. 80, 90년대 들어 퀸즈 한인밀집 지역으로 몰려들면서 상권이 발달하고 한인사회가 성장했다. 더욱이 퀸즈 플러싱 지역 여러 곳에 대형 교회 성전이 지어지고 있었다. 부흥회도 자주 열려 많은 교인들이 부흥하던 시기였다.

내가 건축헌금을 준비하여 멕시코로 송금할 때마다 사탄의 도전을 받아 집 계약이 깨어지곤 했다. 그러한 우여곡절 끝에 교회가 완공되었다. 나는 목사님과 장로님 두 분과 함께 2000년 12월 18일 준공 봉헌예배에 참석하러 멕시코로 갔다.

뉴욕을 떠나 몇 시간 후인 밤 10시에 공항에 내리니 구전도사님이 대형 픽업트럭을 몰고 와서 우리를 기다렸다. 그때부터 또 서너 시간을 산허리를 돌아서 가는데 좁은 외길인지라 어두운 밤 운전은 우리를 무섭게 했다. 자칫 그 옆 낭떠러지로 굴러 떨어질 것 같았다.

그러나 나는 주님이 보내신 나를 지키는 수호천사가 함께 있다는 믿음이 있었다. 동행한 다른 일행들과 달리 하나도 걱정이 되지 않았다. 이른 새벽 4시경에 드디어 트럭은 깊은 산골 낮은 고원에 도착했다. 마을에는 제대로 된 집이 없고 마분지 박스 상자를 이어서 세운 셸터만 여기 저기 보였다.

구전도사가 매주 이 험한 산등성이를 위험을 무릅쓰고 몇 시간씩 와서 주민들과 교통하고 전도한다는 게 믿어지지 않았다. 더구나 가톨릭이 국교인 멕시코 아닌가. 목사 신분으로는 선교를 못하게 하는 핍박하는 나라이다. 현지인 세례 교인이 이 교회 목사로 있다고 했다.

블록으로 만든 목사 집에 도착하니 방 한 칸에 시커멓게 때가 찌든 침대가 가운데 놓여있고 옆에는 돌을 받쳐서 만든 화덕이 있다. 음식을 만드는 곳이다. 목사의 다섯 식구가 작은 침대에 옆으로 모루 누워 잔다고 한다. 몸 반만 누이는 것이다.

방안 한 옆 바닥에는 구멍이 뚫어져 있다. 소변은 그 구멍에, 대변은 집밖 아무 곳에서나 처리한다고 한다.

"어쩌면 이렇게 가난한가요. 미국은 얼마나 풍요롭게 잘 사는데…."

난, 또 주님께 대들었다.

내 심령에 눈물이 줄줄 흐른다. 식량은 여기 저기 널린 바나나 나무에 달린 바나나. 밀가루로 구워 만든 피타(Pita)라는 둥글납작한 빵 안에 삶아서 으깬 콩을 넣어 말아서 먹었다. 주민들은 영양이 부족한지 키가 모두 작았다. 조랑말을 타고 다니면서 일생 시내에 나가보지도 못한 채 삶을 마치는 주민들이 대부분이라고 한다.

우리는 크리스마스 선물과 닭고기 등을 많이 준비해 갔었다. 블록으로 반듯하게 지어진 교회는 거의 100명을 수용할 수 있는 공간에 의자와 제단(alta)까지 잘 지어져 있었다. 그리고 교회 옆으로 선교센터를 지을 계획으로 담이 올라가 있었다.

드디어 주일날 아침, 근처 옆 부락에서도 오고하여 70~80명의 주민들과 함께 예배를 드렸다. 닭고기와 작은 소품 등의 선물을 모두에게 나누어 주었는데 이들은 닭고기조차 일년에 한 번 먹기가 힘들다고 했다.

우리 일행은 교회에서 가까운 작은 숙소에 묵었다. 주일예배와 행사를 잘 마치고 하룻밤을 잔 뒤 아침에 깨어났다. 나의 시야에 교회 건물이 들어왔다. 순간, 나와 목사의 딸이 교회 문 앞에 서있는데 교회 양쪽 옆으로 둘러싸인 담 위에 백여 개가 넘는 횃불들이 하늘을 향해 불을 뿜고 있었다. 즉시 그 환상은 사라졌다.

"이 교회에 새 생명의 구원받는 자들로 부흥의 축복을 보여주시는구나."

주님의 부흥의 환상으로 기쁜 마음을 안고 뉴욕으로 돌아왔다.

나는 23년 전 첫 이민 시절부터 다니던 교회를 떠나 2001년 1월 첫 주부터 롱아일랜드 아름다운교회로 옮겼다.

내가 섬기고 신앙이 깊어졌던 정든 교인들의 만류에도 불구, 어머니를 이장로님께 맡기고서였다. 어머니는 아버지와 헤어질 때보다 더 많이 우셨고 나도 많이 울었다.

그러나 나는 나의 성전 건축에의 염원, 선교에 대한 하나님의 사명을 감당하기에는 한계를 느낀 교회에서 더 이상 신앙생활을 할 수 없었다. 그 염원을 드디어 이곳 아름다운교회에 와서 이룬 것이다.

## 10명 아동의 후원자

거실 벽난로 앞으로 오십대 중년부부는 중앙으로 십대 백인, 동양인, 스패니시, 흑인 등 십여 명이 다정스럽게 둘러앉은 사진이 뉴스데이 일요판 부록 전면에 실렸다.

아마 부부 교사와 그 학생들이 함께한 것이려니 했는데 기사 내용은 이들 모두가 리크씨가 입양해 키운 자녀들로 이들은 한 가족이라고 했다.

리크씨는 회사 중역이고 부인은 대학교수며 이들은 26년간 여러 나라에서 버려진 고아들을 입양하여 친자식처럼 양육했다는 감격적인 내용이었다.

4명의 백인 10대들은 리크씨의 친소생이고 피부색이 다른 7명은 모두 입양된 자식들이었다. 이 입양아들 가운데는 하버드를 졸업한 엘리트도 있고 올림픽 육상 후보 선수인 필리핀계 딸이 있는가 하면 하반신 불구로 휠체어 장애우 인디언계, 감옥을 들락날락하는 문제아도 있다.

젖병을 빨고 기저귀를 차는 갓난아기를 입양해 일하는 사람도 쓰지 않고 전문직 직업생활을 하며 평생 이들 양육에 헌신한 리크 부부의 사랑은 참으로 그리스도의 힘이 아니고는 감당할 수 없는 것이라고 한다. 나로서는 한 아이 하나 맡을 용기나 사랑이 없었기에 이들 리크 부부의 고귀한 크리스천 사랑과 희생에 숙연해질 수밖에 없었다.

미국에 산 지 몇 년 후, 남편은 한국일보 신문을 읽다가 내게 '이 기사를 읽어보라'고 신문을 건넸다. 명동의 수녀원이 운영하는 고아원에서 고아들의 지원을 바란다는 기사였다.

나는 남편의 그런 마음이 반가웠다.

"우리도 한 아동을 맡읍시다."고 하니 흔쾌히 "그러자."고 했다.

70년도에 한국은 여전히 가난에서 벗어나지 못해서 홀트아동복지회를 통해서 많은 한국고아들이 미국 가정에 입양되고 있었다.

나는 신문에 나와 있는 명단 중에 7세 박미숙 아동의 후원자가 되었다. 그리고 2여 년 동안 박미숙 아동의 후원자로써 매달 양육비를 보냈고 때마다 옷, 장난감, 인형들을 보냈다. 수녀님은 내가 보낸 선물을 안고 찍은 미숙이의 사진들을 보내주었다.

이후 수녀님은 고아원 재정난이 심해져서 더 이상 운영이 안 되므로 문을 닫으니 미숙이를 입양할 의사가 없느냐는 편지를 보내왔다. 내 딸이 6세, 아들아이를 임신한 상태인 나는 고민에 빠졌다.

'과연, 미숙이를 내 딸처럼 사랑하고 키울 수 있을까?'

이 질문에 부딪치니 도무지 자신이 생기지 않았다. 그래서 수녀님께 나의 이런 의사를 알렸다. 서너 달 후에 수녀님은 미숙이가 미국 가정에 입양되었다는 소식을 전해 주었다.

나는 이후에도 그때 미숙이의 입양을 거절한 데에 대한 미안함과 죄책감을 갖고 있었다. 더구나 부동산 중개사로 집 매매 상담을 받아 방문하는 미국 가정에 한국고아를 입양한 가정을 만났을 때 더욱 죄스러움이 앞섰다. 또한 내가 겪은 6·25전쟁 후의 어린 시절의 배고픔과 가난은 늘 마음속에 각인되어 있다가 때때로 나를 괴롭혔다.

그래서 나는 86년도에 크리스천 아동국제기관(Childen Intermatiol)의 한 아동 스폰서(Sponsor)를 시작했다. 부동산 비즈니스로 인한 수입이 늘어나자 후원아동을 5명으로 늘렸다. 또 95년에는 가난한 제3국 어린이를 돕는 월드비전의 후원아동 5명까지 모두 10명을 후원하기 시작하며 올해까지 37년째이다.

크리스마스 때가 되면 한 아동당 100달러와 크리스마스 작은 소품들을 함께 보내주면 이들은 그 돈으로 구입한 생활용품, 옷, 물동이, 신발 등을 사진을 찍어서 내게 보내주곤 하였다. 때로 그 지역 학교나 어린이센터. 도서실 등을 지을 때도 기부금을 보냈다.

나는 가톨릭의 성녀 마더 테레사의 말을 기억했다. "가난한

37년간 후원해 온 10명의 아동들

모든 굶어죽는 사람들을 구제하지 못하지만 한 사람은 사랑으로 구제하라."고 했다. 선진국가의 국민이 한 달에 30달러만 제3국의 아동 한 명에게 후원하면 이 지구상의 기아는 해결된다는 것이다.

저들의 생명도 하나님의 귀한 복음의 대상자요 크리스천들의 사랑의 구제대상들이다.

주님의 축복으로 주어진 재물은 순전히 내 것이 아니다. 은혜의 빚진 자로 하나님 나라를 위해 기아로 죽어가는 생명에 대한 구제의 의무가 있다.

  내가 후원해온 필리핀의 초등학교 한 어린이는 감사 편지를 보내왔다.

  '같은 반 옆자리에서 공부하는 친구가 점심을 못 가져와 굶었습니다. 친구도 우리 집처럼 가난한데 집안 형편이 같은 나는 점심도시락을 학교에서 먹는 것이 궁금해서 어머니께 물었습니다. 어머니는 뉴욕에 있는 후원자님이 매달 보내주는 양육비로 너는 굶지 않는다고 말해 주셨어요. 후원자님께 너무 감사합니다. 내 친구도 나처럼 축복을 받아서 미국에 있는 후원자를 만나기 바랍니다. 나도 어른이 되면 후원자님처럼 그리스도 예수를 잘 믿고 굶은 아이들을 위해 힘쓰겠습니다.'는 내용이었다.

  이 편지는 하루 종일 나를 기쁘게 만들었다. 이 아이가 18세 성인이 되고 자립하게 되자 나는 다른 아동을 택해 다시 후원했다.

  그동안 내가 후원해온 10명의 아이들이 크리스천으로 성장하여 자신보다 더 가난하고 기아로 고통 받는 이들을 사랑으로 도울 수 있기를 바란다.

  드디어 작년에 그동안 후원해온 10명의 아동들이 거의 다 성인이 되어 자립하게 되었다. 나는 세계어린이재단에 연락을 하여 5만 달러를 기부했다. '할리 박(Holly Park)' 펀드를 설립했다. 앞으로 매년 5명에게 후원금이 다달이 17년간 지불될 것이다.

나는 언제 하나님의 부르심을 받을지 모르는 고령의 노인이 되어간다. 이 상황에 매달 지원하는 부담보다는 재단이 대신 이 일을 하여서 지구상의 기아 퇴치에 힘을 써주길 당부한 것이다.

한 방울의 물이 모여서 강과 바다를 이루듯이 내 작은 보탬이 지구상 어딘가에서 굶는 어린이들은 없게 하는데 도움이 되기 바란다. 나는 두 끼 식사 때마다 감사 기도와 굶는 자들에게 주님의 축복이 임하도록 식사 기도를 한다.

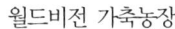

월드비전 가축농장

올 1월에는 월드비전의 후원아동들이 성인이 되자 한 부락에 동물농장을 만들어주었다. 월드비전이 지정한 세계 오지의 마을 주민들에게 모두 혜택이 돌아가게 한 것이다. 소 2마리, 돼지 5마리, 닭 10마리, 그 외 염소, 병아리 등 가축 28마리가 있는 농장이다. 그곳에서 매일 우유와 달걀이 나오고 매달 가축의 수가 늘어난다고 한다. 가난한 그 지역의 기근을 해결하는데 큰 도움이 된다니 참으로 보람 있다.

그래서 매년 1월에 한 번씩 각각 다른 지역에 농장을 설립해주기로 했다. 나의 작은 기부로 생명을 살린다는데. 주님의 선함을 알리고 기뻐하시게 하는데, 그 쓰임을 받음에 나는 주께 감사와 영광을 돌린다.

## 나눔하우스 셸터 기부

40년 만에 최대 폭을 기록할 정도로 급격 상승하는 물가 때문에 미국 가구의 월 지출이 늘고 있다. 코로나 팬데믹부터 시작된 지속적인 인플레이션 현상이 미국 가계에 큰 부담을 주고 있는 것이다.

이 기간 동안 실직과 이혼, 가족의 사망, 건강 문제로 갑자기 거주지를 잃고 노숙자로 전락한 50세 이상 연령층이 늘어나고 있다. 노년층 노숙자는 미국의 심각한 사회문제가 되고 있는데 치솟는 렌트가 감당이 안 되어 거리로 나앉고 은퇴 후 수입 감소도 노숙자 급증의 한 요인이라고 한다.

전 세계적으로 부의 편중이 심해지다 보니 세계에는 재산이 10억 달러(약 1조 1,500억 원)가 넘는 빌리어네어(Billinare)도 많다. 요즘 세계최고 부자는 테슬라의 머스크이고, 아마존의 제프 베조스, 마이크로소프트 창업자인 빌게이츠 등이 빌리어네어에 속한다.

이들은 테크놀리지, 인터넷 등 3차 차원의 경제로 2020년부터 부의 새로운 차원을 이룩했다. 반면 블루 노동계급에 속하는 이들은 코로나 팬데믹으로 직장을 잃어버리면서 점점 빈곤층이 늘어나고 있다.

이민 1세 경우 세탁소, 델리, 수산업 등의 자영업을 많이 했는데 코로나로 인해 경기가 어려워지면서 폐업하는 경우가 많다. 그런데 그동안 최소한의 수입만 세금보고를 해오고 보니 폐업이나 은퇴를 해도 연금 액수가 적다. 그래서 아시안 중 한인 노인 빈곤층 수가 높다.

한인들이 한창 부를 일구던 80, 90년대에는 생업에 힘쓴 결과, 고급주택, 고급승용차를 먼저 장만했고 골프와 세계 여행으로 남부럽지 않게 살았다. 자녀들도 아이비리그에 보내고 어느 인종보다도 명문대 출신 2세들이 많았다.

나는 간호사로, 미국 부동산회사 에이전트로 미국에서 50년간 생업에 종사하면서 단 1달러도 어김없이 IRS에 보고를 했다. 그래서 은퇴 후 그에 상응하는 연금이 나오고 있다.

그런데 은퇴 후에 생활비와 의료비용 감당이 어려워 빈곤층으로 내려앉은 이민 1세들이 10년 전부터 점차 늘고 있다. 이들에 대한 안타까운 마음이 늘 있던 차에 플러싱 소재 한인노숙자 셸터 나눔의 집(2021년 7월 나눔 하우스로 개칭)의 박성원 목사님을 알게 되었다.

상업용 건물 2층의 노숙자 센터에는 열댓 명의 한인노인들이 기거하고 있다. 박목사님은 이들에게 숙식을 제공하면서 하루에 4번의 예배와 기도로 그들을 구원하고 있다. 제일 낮은 곳에서 어려운 이들을 위해 기도와 복음을 전하는 사랑에 많은 감명을 받았다.

나는 아들의 장학재단과 파나마 어린이 센터 건립으로 큰 기금을 기부할 형편이 안 되었다. 그래서 크리스마스 전날이 되면 소액의 기부액과 케이크, 초콜릿 등을 전달하였다. 원래 크리스마스 때가 되면 무지개의 집, 선교사의 집 등을 도왔으나 무지개의 집이 정부 그랜트를 받았다. 그래서 선교사의 집에 갈 기금은 5년 전부터 박목사님께 기부하고 있다.

나는 10여 년 전, 갈 곳이 없는 안면 있는 여러 명의 노인들이 함께 살 수 있는 다세대 주택을 사러 다닌 적이 있다. 그런데 까다로운 미국 부동산 규제와 자금난으로 포기한 적이 있다. 밀리어네어가 아닌 다음에야 실효성이 없음을 진즉에 깨달은 터라 박목사님의 그 사역을 마치 내 대신 하시는 것 같은 고마움이 있었다.

지난 2011년 비영리단체로 설립된 뉴욕 나눔의 집에 살고 있는 20여 명의 늙고 병들고 갈 곳 없는 이민 1세대 한인 노숙자들의 처지에 참으로 마음이 아프다.

'나는 이렇게 좋은 집에 편안한 침대에 따뜻하게 누워있는데….'

이 추운 겨울 담장 밑이나 전철 안에서 담요를 뒤집어쓴 노숙자들에게 미안해지는 것이다.

　박목사님은 100만 달러 정도의 셸터 건물 다운페이 액수인 60만 달러를 목표로 기금 모금 예배를 올렸는데 목표액을 채우지 못했다고 한다. 그래서 나는 남편의 노후 건강보험 몫으로 든 연금을 주님과 약속대로 아주 기쁜 마음으로 30만 달러를 익명 기부했다. 이렇게 60만 달러 모금이 되어 올 여름에 셸터에 입주하게 되었다. 내가 엄두를 못내는 복음, 구원 사역을 박목사님이 대신 하시니 늘 감사한 마음이다.

　작년에 로슬린에 24년 살던 집을 팔고 규모를 줄인 콘도로 이사 오면서 집안의 모든 가구와 살림살이, 100벌의 의류와 몇 십 년 전의 그림까지 모두 나눔하우스에 기부했다. 셸터를 마련하면 그곳에 당장 필요한 것들이었다.

　요즘도 크리스마스 때가 되면 한인 노숙자의 집 나눔하우스로 간다. 가기 전에 대형매장 코스트코에 들러 전기구이 통닭, 초콜릿, 과일 등을 한보따리 사들고 가서 점심만찬을 하시게 한다.

　하루빨리 새 셸터 건물에서 위기의 삶을 살아가는 이들이 안락한 삶을 살기를 기도한다.

## 2001년 아름다운교회 등록

 2001년 1월 첫 주일에 창립 10년 된 롱아일랜드 아름다운교회에 등록을 하고 8시 30분 샤인홀에서 일부 예배를 드렸다. 일부, 이부, 삼부 예배를 보는 전 교인은 300여 명 정도인 것 같았다. 원래 비행장이었던 건물을 구입하여 교회가 이전 한지 몇 년 안 된다고 했다.
 이 교회를 택한 것은 얼마 전에 중앙장의사 장례예배에 참석한 일이 있는데 옆방에서 장례예배에 들리는 목사님의 설교에 은혜가 있었다. 그래서 옆방으로 가서 만난 분이 바로 롱아일랜드 아름다운교회를 시무하시는 림형천 목사님이었다.
 전 교회에서 20여 년을 함께한 김광자 전도사님이 2년 전 이곳으로 부임하여 섬기는 것도 마음에 있었고 림목사님 설교가 내 영혼에 임하는 귀한 은혜로 받아들여진 것이다. 나는 2주 전에 김전도사님을 교회에서 만난 후에 아름다운교회로 결정했다.

주님은 내가 선교할 수 있고 또 교회 성전도 건축할 수 있는 곳으로 인도하십사 하는 나의 간구에 응답을 주신 것 같았다.

예배당으로 사용하는 장소가 좁아서 그해 부활절 예배는 비행기 제작에 사용하던 큰 체육관에서 함께 드려야 했다. 그날 합동찬양대의 찬양을 듣는데 주님의 음성이 또 들렸다.

"네가 왜 이 자리에 앉아 있느냐? 네가 설 자리는 찬양대가 아니더냐?"

찬양대는 예배 전에 한 시간, 예배가 끝난 후 친교시간 후에 또 한 시간, 찬양연습을 한다. 보통 주일 아침 7시 30분에 교회에서 와서 모든 순서를 다 마친 후 오전 11시 30분에 교회에서 나간다. 주일아침이면 보통 4시간은 교회에서 보내는 것이다.

지난번에 다니던 작은 교회는 12명의 찬양대가 있었는데 이번에 다니게 된 교회는 규모가 크다보니 1부 예배에 15명의 찬양대, 3부 예배에는 더 많은 찬양대가 있어서 찬양대에 서지 않았던 것이다.

예배실이 작다보니 자녀가 참석하지 않는 교인들은 1부 예배를 권하여 거의 권사, 장로들이 찬양을 하였다.

"주님, 찬양을 하겠습니다."

나는 말씀에 순종하고 시온 성가대에 섰다.

나는 하늘나라에 비해 작은 흙그릇에 불과하다. 척추 만성질환으로 인해 부엌일이나 육체적 봉사가 필요한 곳은 감당을 못한다. 그러나 솔로가 아닌 합창은 도울 수 있는 찬양이다.

　찬양은 예배자인 레위족들이 담당한 귀한 직분으로 나는 이 귀한 직분을 소명으로 감당하고 있다. 하나님께 드리는 제일 큰 영광은 신령과 진정으로 드리는 예배임을 안다. 학생 시절부터 찬양대석에 앉아 부족하지만 주님께 드리는 예배에 예비자로 부르심을 받은 이 고귀한 소명을, 50년 이상 주일예배에서 찬양을 드리고 있다.

　신기한 것이 몸이 아프다가도 새벽 4시만 되면 아픈 증세가 없어진다. 그동안 부동산 세미나와 몇 번의 여행으로 불참한 외에는 나는 주일 성수를 꼭 지킨다.

## 우크라이나 선교지

 2001년 12월초, 우크라이나의 키이우로 3일간의 선교집회를 갔다. 이장로님과 지장로 소개로 림목사님과 교인 12명이 갔는데 그곳은 30대 중반의 젊은 정광섭 목사님의 선교지였다.
 우크라이나는 동유럽 국가로 남쪽과 남동쪽으로는 흑해와 아조프해, 동쪽과 북동쪽으로는 러시아, 북쪽과 북서쪽으로는 벨라루스, 서쪽으로는 폴란드, 슬로바키아, 헝가리, 남서쪽으로는 루마니아, 몰도바와 접한다. 키이우는 우크라이나의 큰 도시이자 수도다.
 우크라이나는 1991년 소비에트 연방 해체와 함께 독립하였다. 우크라이나는 역사적으로 전쟁이 계속 일어났고 체르노빌 원전사고까지 겪어 유럽에서 가장 가난한 나라였다. 의사의 한 달 봉급이 100달러였을 정도다. 유럽인 특유의 큰 체구를 지녔으나 백인들의 우월감이나 부유성과는 거리가 멀었다. 만나는 모든 이들이 겸손했다.

정광섭 목사님은 복음사역이 10년차라는데 나날이 구원받는 현지인과 고려인들이 늘어나고 있는 중이었다. 우크라이나에서는 키이우의 정목사님을 중심으로 한국 선교사들이 각 지방으로 배치되고 있었고 이들 모두 정목사님의 지원도 받고 있었다.

3일 동안 열린 부흥집회에 우크라이나 전국 곳곳에 있는 선교사들이 열댓 명씩 각자의 교회 교인들을 인솔하여 왔다. 보통 기찻길로 열대여섯 시간이 걸리는 거리라고 했다. 300여 명의 참석자들과 부흥 집회, 소그룹 성경공부, 기도회를 가졌고 우리가 가져간 물품들을 분배해 주었다.

나와 하나 집사는 목사님 사택에 묵었는데 밤중에도 목사님이 안보여서 사모님께 어디 계시냐고 물었다.

"집회 장소에서 기도 중이십니다."

새벽녘에 집회장소로 가보니 목사님은 한구석에 엎드려서 기도를 하고 있었다. 모든 것을 하나님께 바치는 목자의 모습을 나는 오랫동안 잊을 수가 없었다.

첫날 키이우에 도착한 선교팀, 목사님, 선교사님 기도 모임에 정목사님이 우리를 위해 기도해 주었다. 이 열악한 곳에서 사역하는 젊은 목사가 우리를 위한 축복 기도를 해주시니 눈물이 쏟아졌다. 기도 중에 교회를 건축하라는 주님의 음성이 들렸다.

은혜 가운데 3일간의 선교 집회를 잘 마친 후 뉴욕으로 돌아왔다.

그 후 교회는 10년 이상 매년 우크라이나로 선교를 갔다. 나는 키이우의 교회 건축을 위해 기도했고 선교지로 가는 장로님 편에 내 형편껏 건축 헌금을 보냈다. 선교사님 자동차 구입비, 신학교 설립에도 기부금을 보냈다.

2013년 정목사님이 교회 부지가 나와서 70만 달러의 건물을 계약 중인데 기금이 모자란다는 소식이 들렸다. 목사님 콘도, 여러 재직 교인들이 장기까지 팔려 한다는 메시지에 아침 주님 기도 시간에 눈물이 났다.

"나는 주님의 그들보다 더 큰 은혜를 입은 빚진 자입니다. 건축 헌금을 보내야 하는데 주님께서 금액을 말씀해주세요."

1만 달러를 말하니 응답이 오지 않았고 5만 달러로까지 말하니 응답이 와 5만 달러를 건축 헌금으로 보냈다. 이전에 내가 기부한 건축 헌금도 있고 모두 13만 달러로 건물 계약을 하려다가 깨졌다고 한다. 정목사님은 상심한데다가 나에 대한 미안한 마음도 컸다.

나는 "하나님의 뜻이 아님을 받아들이세요." 하고 위로했다. 그리고는 키이우 건축 헌금 기도가 나오지 않았다.

그 당시 파나마 플라지온에 아름다운교회의 남집사님이 파송되어 가 계셨다.

키이우 선교지 지원이 끝나면서 파나마에 심집사님이 파송되었다. 교회는 1년에 여러 번 파나마 지역 선교를 갔는데 그 지역 어린이 400명을 교인 한 사람씩 후원자가 되어 지원했다.

2018년부터 우크라이나 선교지에 매년 기부하는 달력

나는 2015년부터 11명의 후원자가 되었다.

어린이 센터 겸 교회 예배실로 사용하는 기존건물이 작고 낙후되어 우리 교회 선교팀이 가도 많은 불편을 겪었다. 주님이 그곳에 교회를 지으라는 것 같았다. 2015년 3월에 파송된 남 선교사님을 만나 그곳에 새로 교회와 선교센터, 어린이 센터를 지을 건축비용에 대해 알아봐 달라고 부탁했다. 후에 15만 달러 정도라고 알려주셨다.

2015년부터 아들 이름으로 된 장학재단에 매년 10만 달러씩 2019년까지 50만 달러의 기부 서약이 있었다. 그래서 그 후인 2020년 남집사님이 알아본 건축설비 15만 달러를 기부하겠다고 얘기를 마쳤다.

그런데 8월말에 황목사님이 선교지 모든 곳에 수리할 필요가 있어서 9월에 바자회를 열어서 수리비를 모금하신다는 광고를 주일예배에서 알렸다. 나는 황목사님을 찾아가서 3월 달에 남집사님과 만나서 한 나의 계획을 말했다.

"수리만 하지 말고 증축까지 제대로 해서 건축하시면 어떨까요? 대신 바자회에서 나온 기금이 모자라면 제가 3년에 나누어 교회에 헌금하겠습니다."

가을 바자회 기금으로 5만 달러가 모였고 교회는 교회 예비비에서 모자란 나머지 10만 달러를 내었다. 그래서 파나마 플라지온 지역에 어린이 센터 겸 교회, 선교지역 공사를 다 마칠 수 있었다. 그 후 나는 약속대로 3년에 걸쳐서 10만 달러를 교회에 헌금했다.

우크라이나 지역에는 전 선교사님에게 매년 선교비 1,200달러와 선교용 벽 달력 2만장 경비 2천 달러를 매년 지원해 왔었다. 나 대신 이들은 이 달력을 가지고 노방에서 처소로 보내어 선교를 담당한다.

작년 가을, 우크라이나의 정목사님은 두 번째로 교회 건축을 시작하여 22년 5월에는 준공할 계획이라며 기도를 부탁해 오셨다. 그런데 한창 공사 중인 그곳에 전쟁이 났다.

올 2월 24일 러시아가 우크라이나를 침공한 것이다.

"오, 주님!"

나는 하나님 나라에 아주 작은 깨지기 쉬운 질그릇 밖에 안 되어 선교지에 부르심을 받지 못한다. 그러나 주님께서 내 심령에 주님의 뜻을 품게 하시고 기도하게 하시며 또한 모든 재물의 축복을 주시어 보내는 선교사의 소명과 재물의 청지기로 사용하신다.

낯설고 척박한 곳에 선교사로 부름 받아 부모 형제, 조국을 떠나 오직 성령의 능력으로 자신을 온전히 드리는 귀한 선교사님들을 생각하면 너무 죄송하고 미안할 뿐이다. 오직 내 믿음의 분량대로 예배자의 찬양으로, 선교지에 조그마한 도움이라도 담당하려는 내게 주님은 내 손을 붙드신다. 내 안에 소원을 두시며 성령으로 기도하게 하신다.

우크라이나에서 온 감사 편지

# 사랑하는 권사님께 올립니다

주시는 사랑과 기도에 감사드립니다. 이번 캠프를 위해서도 귀한 물질을 지원해 주셔서 은혜 충만한 가운데 마쳤습니다. 정성스럽게 보내주신 선물도 잘 받았습니다. 집사람도 큰 감사의 인사를 전합니다. 일이 많아 따로 인사 카드를 아직 적지 못한 듯합니다.

이곳 사역 22년째로 들어갔습니다. 2년 정도나 버틸 수 있을까 하는 마음으로 온 이 땅에서 20년을 넘겼습니다. 오랜 시간을 기도와 사랑으로 함께 해주신 권사님께서 제게 늘 큰 힘이 되십니다. 교회 건축을 향한 물질적 헌신을 우리 주님께서 잘 알고 계십니다.

아직도 교회당이 없어 여러 기능적인 일들이 원활치 못하지만 반드시 수년 내에 이루어 주실 것으로 믿고 있습니다.

수도인 키이우에서 건물을 확보하는 일이 쉽지 않음을 실감하고 있습니다. 예배, 교육 프로그램, 문화 사역 등이 종합적으로 진행될 장소를 여러 각도로 계속해서 찾고 있습니다. 가격이 적당하면 로케이션이 좋지 않고, 좋은 장소는 가격이 너무 높은 기본적인 문제 등입니다.

그러나 하나님께서 수년 내에 허락하실 것을 믿고 있습니다. 권사님께서도 기도해 주시면서 더불어 세워 주시길 간곡히 바라옵니다. 기도와 지원의 끈을 놓지 말아주십시오.

물질의 많고 적음보다도 지속적으로 주시는 사랑과 관심이 제게 더욱 절실합니다. 제 책상 옆 캐비넷에 권사님이 그동안 보내주신 사진과 달력들이 붙어있습니다. 부족하지만 저도 늘 권사님을 위해 기도드리며, 사랑의 마음을 잊지 않습니다.

늘 건강하시며 충만하시길 비옵니다.

사랑의 마음을 담아<br>정광섭 올림

## 아름다운교회 성전 건축과 비전센터

　아름다운교회에 등록한 그해부터 림목사님의 뜨거운 기도와 300여 명의 교인들로 건축비용 3백만 달러가 소요되는 성전 건축이 시작되었다.
　아름다운교회의 귀한 목사님 말씀과 성도들의 기도로 매년 100여 가정이 새 식구로 등록하고 있다. 2002년에는 성전 건축을 시작하였고 건축 헌금이 모아졌다. 림목사님의 교회 건축은 내가 평생 소원하던 것이었다. 당시 아들의 수의학과 학비로 힘이 들 때였지만 나는 근 3년간 3만 달러를 헌금했다.
　교회 건축은 이년간 진행되었고 2003년 교회가 거의 건축을 마치면서 림목사님은 LA영락교회의 부름을 받아 떠나셨고 정목사님께서 임시로 부임하시었다.
　제단 중앙에 십자가가 세워지던 그 주일, 나는 신 권사님 두 분과 제단에 엎드려 감사와 감격의 눈물을 흘렸다. 내 평생의 기도요 소망이던 내 교회, 우리 교회가, 내 기도하는 성전이

탄생한 그 소원을 이룬 것이다.

그 다음해 초, 청빙위원회 등 모든 절차를 거쳐 2대 황인철 목사님이 LA에서 부임했다.

2004년 부임한 황목사님의 귀한 은혜의 설교가 알려지면서 교회는 더욱 성장했다. 더욱이 롱아일랜드로 이주하는 젊은 세대가 계속 들어오면서 젊고 건강한 교회로 거듭 났다.

한편 성전 바로 옆 블록 4만 스퀘어 피트 면적의 오피스가 경영난으로 넘어가기 직전에 그들이 구입한 가격의 거의 반 액수로 우리 교회에 낙찰되었다.

차세대 자녀신앙교육의 비전을 지닌 황목사님의 큰 건축 헌금, 교인들의 헌금, 은행 모기지로 성전보다 더 큰 대형 비전센터가 세워진 것이다. 나는 비전센터 구매가격의 1%헌금을 하였다.

드디어 2012년 성전보다 더 큰 비전센터가 수리를 마쳤고 이곳에서 500~600명의 2세들을 위한 주일학교, 한글학교 그리고 여름학교가 운영되고 있다. 새 성전을 위해 기도하였는데 어린이 비전센터까지 하나님은 축복하여 주셨다.

2004년 성전 완공당시 교인이 300명 정도 될 때였는데 나는 찬양대 가운 150벌을 장만했었다. 찬양은 내가 주님나라 갈 때까지 봉사하여야 할 소명이다. 그 후 20년이 지났고 교회는 1,500명이 넘는 대형교회로 부흥했다.

1년에 몇 번 연합찬양대가 절기에 맞춰 찬양할 때면 20년 전 내가 헌금하여 장만했던 한 그 가운을 찬양대가 입으니 얼마나 기쁜지 모른다.

▲아름다운교회 성전의 제단  ▼시온성가대

## 켈러 윌리엄스 랜드마크 창업

  90년대에 부동산업계의 침체와 불황 속에 2001년 9·11테러가 터졌다. 2002년부터 주택경기가 상승하면서 경제도 상승 무드를 타더니 2005년 최고의 주택경기 정점을 찍었다. 2006년에는 주택경기가 다시 하향선으로 돌아서고 있었다.

  2년 전부터 J는 켈러 윌리엄스(keller Williams Realty) 마켓센터 창업을 권해왔다. 그러나 내 나이 60이 다되었고 리멕스(Remax) 부동산에서 탑인 내게는 다 헛소리로 들렸다.

  켈러 윌리엄스 리얼티는 1983년 게리 켈러와 조 윌리엄스가 창업한 부동산 중개전문업체로 현재, 세계에서 소속 중개인 숫자가 가장 많은 기업이다. 텍사스 오스틴에서 1개의 점포로 시작한 켈러 윌리엄스는 80년대 말과 90년대 초에 오스틴 지역 최고 부동산 중개업체로 자리매김하고 90년대 초반부터 텍사스 이외의 지역으로 시장을 확대하기 위해 프랜차이즈 모델을 도입했다.

2006년 초 켈러 윌리엄스가 미동부 지역으로도 확대할 움직임을 보일 즈음부터, 같은 교인인 웰스파고의 모기지 브로커 서니가 끊임없이 켈러 윌리엄스 마켓 창업을 권했다. 나는 더 이상 그러지 말라고 잘라 말했다. 그러자 그녀는 CD 몇 장을 주면서 꼭 볼 것을 권한다.

으스스한 가을비가 내리는 오후, 사무실에 별로 바쁜 일이 없어서 오랜만에 일찍 집으로 갔다. 퇴근을 하면서 서니가 놓고 간 CD 패키지를 들고 갔다. 오늘 듣고는 더 이상 구차하게 권하지 말라고 할 요량이었다.

첫 CD를 오픈 하니 체어맨(Chairman)인 60대의 모 엔더슨(Mo Anderson) 사진이 나오는데 'God First'가 가장 먼저 나왔다. 두 번째가 패밀리, 세 번째가 비즈니스 로고였다. 깜짝 놀라서 두 번째 CD를 보았고 켈러 윌리엄스가 크리스천 기업임을 확인했다.

사실 14년간 리맥스에 몸담고 있으면서 사장에게 지역사회 자선단체(Chrity) 활동을 여러 번 제의했지만 늘 '비즈니스는 비즈니스일 뿐이다'는 오너의 대답이 돌아왔다.

"이 비즈니스는 사람(People) 비즈니스이다."

나는 여러 번 이렇게 말했지만 사장에게 통하지가 않았다. 그런데 이 기업은 하나님이 제일 먼저라고 한다.

대상을 받는 자는 매매 실적이 넘버 1이 아니라 컬추어(Culture)상으로 지역사회에 가장 큰 공로(사마리탄 봉사자)를 한 에이전트라고 한다. 즉 오피스 동료에게 자기 신장을 기부한 에이전트의 갸륵한 사랑의 행위가 대상을 받았고 고아 8명을 입양한 아름다운 사랑의 부부가 그 다음 상이었다. 내가 감명 받았음은 더 이상 말할 필요도 없다.

바로 그 다음날, 서니와 함께 켈러 윌리엄스 프랜차이즈 오너로서 사인을 했다. 당시 켈러 윌리엄스에 대한 아무런 사전 지식과 규모를 전혀 모른 채 다만 평소 내가 소원하던 크리스천 기업이라는 점에서 더 이상 지체할 수가 없었다.

또한 그때 수요예배에서 자바(JAVA)의 교수로 청년 및 대학생 위주의 크리스천 재단을 설립한 김장로님의 설교를 들었었다. 70세가 넘은 김장로님이 암과 투쟁하면서도 복음에 대한 열정으로 설교하는 것을 보고 나는 많은 도전의식을 받은 바 있었다. '내 나이가 60인데' 하고 주저하기보다 용기를 얻은 것이다.

내가 아는 부동산 전문지식, 노하우, 고객관리, 마켓팅, 비즈니스 모델 등을 에이전트들에게 전수해야 한다는 의무감도 있었다. 나는 그때부터 뉴욕, 뉴저지, 커네티컷 지역으로 이들과 함께 가서 오리엔테이션을 받았다. 미팅에 참석하니 트라이 스테이트 에이전트 100여 명이 내게 다가와서 많은 축하를 해주었다. 뉴욕주 리맥스 탑 브로커가 뉴욕에 창업하니 모두들 기뻐하며 인사하러 온 것이다.

사실, 200~400명 규모의 대형 사이즈 마켓센터에 사인 한 것이 겁이 나긴 했다. 그러나 나는 그때부터 더욱 주님께 간절히 기도했다. 내 마음 한구석에는 내가 최선을 다하고 나머지는 주님께서 이 기업을 축하해시리라는 믿음, 주께서 하나님의 기업을 반드시 기뻐하고 축복하시리라는 믿음이 있었던 것이다.

켈러 윌리엄스에서는 지난 2년 동안 뉴욕 지점 3백여 명의 브로커들이 응시했다고 한다. 그럼에도 리맥스 탑 에이전트인 나를 집중 공략했다는 것을 나중에야 알았다. 그러고 보니 매년 열리는 리맥스 컨벤션에 모이는 미국의 탑 에이전트들이 다음번 모임에 가면 사라지고 없었는데 CD를 보니 그들이 바로 그곳에 모두 있었다. 다들 리맥스에서 나가 켈러 윌리엄 회사를 창업한 것이다.

"저들도 하는데 나도 할 수 있다. 내가 최선을 다하는 것, 능력 주시는 자에게 합력하여 선을 이루시는 주님의 축복, 이 두 가지가 내 삶의 모토가 될 것이다."

내 바이어 에이전트는 내가 집을 팔아주고 큰 집을 구매하게 한 좋은 고객이었던 브렌던(Brondon)에게 나를 도와달라고 했다. 연봉 9만 달러에 나의 회사 지분 중 5를 쉐어(share) 하고 서였다.

12월초, 내가 신임하는 4명의 리맥스 에이전트를 레스토랑에서 만나 식사하면서 "KW를 창업한다. 함께할 의사가 있느냐?"고 물었다.

현지인 두 명, 중국인 한 명, 한인 한 명. 이들은 나의 창업과 기업의 특성을 들려주자 타주에서 활발히 성장 중인 켈러 윌리엄스에 대한 정보를 이미 아는지라 만장일치로 찬성했다.

그런데 나와 함께 일하던 브렌던이 이 사실을 사장에게 알렸다. 우리는 12월말 밤 9시에 바로 짐을 싸고 나갈 것을 통보받았다.

그는 2년간 나를 도와주면서 쌓은 마케팅 경험에다 나의 컴퓨터 파일과 회사 직통전화까지 차지하며 나를 배신한 것이다. 리맥스에서 켈러 윌리엄스로 탑 브로커들이 모두 영입되니 사장이 브렌던을 매수한 것이다.

이렇게 15여 년 간 다닌 리맥스를 그만 두고 칼 플레이스에 있는 켈러 윌리엄스 작은 오피스로 일단 옮겼다. 4명의 에이전트를 본부로 데리고 가서 성격 테스트와 파트너로서 쉐어를 각각 배정받았다.

내가 켈러 윌리엄스 마켓 홍보 파트너로 남고 4명에게 3쉐어씩 모두 12를 주고 나는 18쉐어만 챙겼다. 월스트릿에서 수년간 경험이 있는 루(Lou)가 오너로 나는 공동(Con) 파트너로 에이전트 멘토링과 크리스천 컬처, 오피스 설립에 주력했다.

나는 스스로 사장 자리에서 내려와 켈러 윌리엄스의 아이콘(icon)으로 남았다. 리맥스의 첫 브로커로서, 이번에는 켈러 윌리엄스 첫 브로

Family Realtor
**Keller Williams**
Realty Landmark
32-55 Francis Lewis Blvd
Bayside, NY 11358
CP: 718-501-4611
Direct: 718.475.2828

1년에 한 번 전 직원이 지역사회 봉사하는 Red day

커로 이 지역에 성공을 한 부동산 에이전트가 되었다.

나의 소식이 알려지면서 그동안 나를 따르던 에이전트들이 한 사람 한 사람씩 회사로 오기 시작했다. 7월초에는 베이사이드 지역에 5천 스퀘어 피트 면적의 큰 오피스에 45명 에이전트가 있는 마켓센터가 2007년 창업되었다.

개업했던 12월 황목사님과 부목사님들과 함께 개업 축하 예배를 드렸다.

켈러 윌리엄스는 텍사스 헤드쿼터에서 마켓팅 및 모든 실적을 관리하는데 누구나 파트너십의 오너가 될 뿐 아니라 에이전트를 영입시키는 에이전트마다 그 수입에 얼마간 다단계식 이익배당이 따르는 현실적 운영을 하고 있었다. 그래서 누구든지

'Red Day' 행사는 켈러 윌리엄스가 지역사회에 봉사하는 기업임을 알려준다.

셰어가 주어져 이해관계자(Stakeholder)가 되는 혁신적으로 좋은 운영체재였다.

나는 2009년 뉴욕여성센터가 주는 '그 해의 여성 리더십'상을 받았고 회사는 승승장구했다. 창업 2년 후 200명의 대형회사에서 5년 후에는 350명이 넘는 탑 대형 부동산 마켓센터가 되었다.

켈러 윌리엄스는 체어맨 앤더슨 생일날이면 '레드 데이(Red Day)'라는 지역사회에 봉사를 하는 날이다. 이렇게 지역사회에 봉사하는 기업인 켈러 윌리엄스는 2006년 내가 가입시 전미지역(캐나다가 처음)에 5만 명의 에이전트가 있었지만 내가 은퇴한 2022년 1월에는 에이전트 18만 명이 세계 40개국에 있는 세계 최고의 큰 기업으로 성장했다.

# 4.
# 에디의 장학재단과 요셉의 창고

2002년 코넬수의과 대학을 졸업하는 아들 Edward park과 학장

## 천국 간 에디에게 보내는 편지

　사랑하는 내 아들 에디야! 네가 내 곁을 떠나 천국으로 간 지도 한 달이 지났구나.
　지금 주일아침 십자가 제단 앞에 엎드려 너의 상실에 대한 고통으로 이렇게 하염없이 눈물의 기도를 드리는 이 에미를 보고 있는지?
　네가 그 평화의 하늘나라 하나님 곁에 주님과 영생의 새 삶을 시작함에 조금은 위로가 되지만 이 세상에 네가 없다는 생각이 들면 이 에미는 미칠 것 같은 상실감에 뼈를 깎는 아픔을 느끼는구나.
　그것도 네 생일날, 38년의 생을 마친 그날 밤 10시, 제니가 전화해서 "Mom, Ed is gone(엄마, 에디가 갔어)." 세상에 그렇게 끔찍한 말이 어디 있을까.
　나는 마치 저승사자가 나를 데리러온 것같이 칠흑 같은 어둠이, 검은 하늘이 무너져 나를 덮는 것 같은 충격을 받았단다.

이 못된, 못난 불효자식아, 어떻게 네가 이 에미에게 한마디도 안하고 내 곁을 떠날 수가 있느냐? 어떻게 그럴 수가!

가슴을 찢는 고통과 통곡의 3일, 나는 이 세상에서 내가 그동안 겪은 모든 질병과 고난보다 더 심하고 견딜 수 없는 최악의 고통을 받았단다. 그리고 너를 데려가신 하나님께 분노와 원망을 퍼부었단다.

노후 68세, 내 인생의 황혼길에 너를 잃은 이 에미의 삶이 송두리째 무너지고 말았단다. 너를 잃고 이 에미가 어떻게 살라고. 내일을 알 수 없는 우리 인생에서 가장 견디기 어려운 어머니의 자식 잃음, 나는 나 자신이 죽는 것보다 더 가혹한 형벌을 받았다.

'주님, 어떻게 내게 이럴 수 있나요?'

주일날이면 예배를 마치고 네가 있는 파인 론 묘지로 가서 하염없이 우는 이 에미가 보이느냐?

네 납골당 옆 양쪽으로 아빠와 어미의 자리를 구입하였다. 너를 가운데 놓고 왼쪽은 아빠, 오른쪽은 엄마 자리다. 우리도 얼마 안 있으면 네 옆으로 안장되겠지. 평화와 안락의 장소인 이 납골당은 조용하기만 하구나. 오늘처럼 화창한 날이면 납골당의 모든 영혼이 나와 쉬었다 가나 싶구나. 그런 날이 되면 우리가 천국에서 못다 한 이야기를 도란도란 나눌 수도 있겠지.

생명은 하나님께 받는다고 했는데 주님은 네게 짧은 38년만 주셨구나.

너의 출생에 대해 얘기하고 싶구나. 엄마는 한국 사람에게는 희귀한 RHO⁻혈액형을 지녔지. 두 번째 태아는 배 속에서 잘못될 수 있어 너를 낳을 수 없었지만 뉴욕에 오니 의술의 발달로 너를 잉태하고 매주 3주 간격으로 로감주사를 맞을 수 있었어. 태아의 적혈구 파괴를 막는 이 주사로 항체 생성을 맞을 수 있었어.

그러나 엄마는 심장의 부정맥이 심해서 너를 출산할 때까지 심장 모니터를 달고 있었단다. 너를 잉태한 후부터 매일 주님께 너를 위해 기도하였고 기도한 자식은 하나님이 지켜주신다는 믿음이 있었단다.

막 태어난 네가 황달이 심해서 격리실에 있다가 1주일 만에 집으로 데려왔지. 이 사실을 네가 알지도 못한 채 떠나고 말았구나.

결혼 후 6년 만에 그렇게 어렵게 낳은 아들은 시집인 청주와 친정에 큰 기쁨을 주었단다. 외할머니는 네가 롱아일랜드 유대인 병원에서 퇴원하는 날, 너를 돌봐주신다고 한국에서 오셨지. 30살에 너를 낳은 엄마와 손자를 키우겠다고 도미하신 할머니는 온갖 정성으로 너를 키웠어. 네가 네 살이 될 때까지.

네가 18개월 때 유모차에 너를 태우고 할머니와 백화점으로 가는데 상점 간판을 보고 글자를 다 읽는 것을 보고 깜짝 놀랐어. '세서미 스트리트' 같은 어린이 프로그램을 보여주면 한 번 읽은 것으로 모두 외우는 명석한 너, 학교에 가서는 수학과 과

학은 늘 만점. 집에서 공부하는 것을 못 보아도 성적은 늘 우등생이었어.

피아노 변선생님이 그날 연습한 악보를 한 번 치게 하면 생전에 연습도 안하는 너는 모든 악보를 외워서 쳐버렸지. 뉴욕 최고 명문고인 스타이브센트 고등학교와 빙햄턴 대학에서 39 이상의 성적으로 졸업하고 그렇게 어렵다는 코넬대학 수의학과로 진학했지.

고등학생 시절에 성령을 받아 네가 가진 모든 불필요한 CD 등을 태우면서 기도하던 너, 착한 네가 엄마는 늘 자랑스러웠다. 누나 제니가 방학 때 떠난 여행길에서 갑자기 103도의 고열로 시달리면서 병원 갈 치료비를 송금해 달라고 급한 전화가 왔었지.

그때 에디, 네 손을 잡고 주님의 치유의 기도를 한 후, 송금을 하려고 일어서려는데 함께 기도하던 네가 말했지.

"맘, 걱정 하지 마, 제니 나을 거야."

"네가 어떻게 아니, 그것을?"

"하나님께 제니의 고열과 병을 내게 대신 옮기시고 제니를 치유해 달라고 간절히 기도했어요."

네 대답을 듣고 어떻게 어린 네가 어미도 생각이 못 미치는 그런 기도를 할 수 있지 하고 너 보기가 부끄러웠단다. 정말로 얼마 있다가 제니가 밝고 명랑한 목소리로 전화를 해왔지.

"엄마, 열이 떨어졌고 이제 아프지 않아요."

오 마이 갓, 할렐루야. 에디의 그 궁휼한 사랑의 기도에 주님은 응답하신 거지.

한번은 이런 일도 있었어.

"알람을 끄지 않고 대문을 열었더니 온 집안에 알람이 울려요, 빨리 집으로 오실 수 있어요?"

너의 전화에 10분 안에 급히 집에 도착하여 알람부터 껐어. 너는 부엌으로 급히 뛰어가더니 푸들 강아지를 품에 안았어. 알람 소리에 얼마나 놀라고 힘들었냐면서 강아지의 뺨을 부비고 사과하던 네 모습은 지금도 눈에 선해.

너는 메디컬 스쿨에 원서를 넣지 않고 네가 좋아하는 동물들을 돌보기 위해 코넬대 수의학과를 지원했지. 80여 명 수의과 학생 중 아시안은 너 한 명이었어.

같은 학과 친구들이나 직장동료들은 네 곁에 있기를 좋아했어. 피아노를 비롯 여러 종류의 악기를 다루고 여러 외국어에도 능통한 너는 인기가 좋았어.

수의과를 졸업한 후 뉴저지에서 인턴 1년, 코넬대 수의과 강사로 3여 년, LA에서 3년 레지던트 후에 응급의과 외과 병원에서 가장 대우를 잘 받는 능력 있는 수의사가 되었지.

캘리포니아 지역 CBS아침방송에 병원장과 함께 고정출연하며 유머스러하고 유익한 대화로 좌중을 압도하는 네가 어미는 참으로 자랑스러웠지.

그런데 병원 테크니션과의 단 한번 실수로, 임신한 로데스와 동거했고 바로 그 결혼은 이혼으로 가고 말았어. 그런데 이혼 과정에서 생명처럼 사랑하던 아들딸을 못 보게 되자 너는 우울증이 왔고 "엄마, 나를 위해 기도해 주세요." 하며 울먹이던 목소리가 귀에 쟁쟁하구나.

나는 하나님이 너를 다시 주님의 길로 인도하신다는 믿음으로 여겨졌었는데 그 어려운 고비를 넘기지 못하고 세상을 마치고 말았구나.

이 험한 세상의 고난과 역경을 견디지 못한 너의 약함을 아시는 주님이 너를 나보다 더 사랑하여 천국으로 부르신 것 같구나.

어머니날과 어미의 생일날 네가 보내주던 장미꽃과 초콜릿을 이제는 받지 못하겠구나. 난 도저히 네가 죽었다고 생각이 안 되었고 인정할 수도 없어서 네 장례예배에 갈 수가 없었어. 아빠는 네 죽음에 충격과 고통을 받아 네가 아직 죽었다고 생각하지 않는 거부단계(denial stage)구나.

나는 내가 어디로 가는지, 또 왜 가야 하는지, 내 인생의 남은 시간에 대한 의미도, 애착도 송두리째 뽑혀 버렸어. 마치 한 발은 하늘에 나머지 한 발은 땅에 디디고 사는 유령같이 넋을 잃은 심정으로 너를 데려간 하나님의 뜻을 헤아릴 수가 없구나.

네가 너의 생명보다 더 사랑한 아들 딸 제임스와 루이자를 천국에서도 늘 지켜주기 바란다.

에디가 엄마의 50세 생일에 보낸 편지

## 사랑하는 엄마에게

한 유명한 배우가 말하기를 "보람 있는 삶을 살다가 죽은 사람은 그렇게 많지 않다."고 하였습니다. 어머니의 50세의 절반도 안된 20년을 나는 살았지만 어떻게 사는 것이 참 삶이라고 하는 것을 어머니에게서 배웠습니다.

어머니가 내게 베풀어 주신 사랑의 일들에 대하여 말하라고 하면 다 표현할 길이 없습니다. 20년 동안 저를 어머니는 잘 보호하고 인도하여 주었습니다. 하나님의 사랑 가운데서 어려운 때도 끝까지 나를 붙잡아 주신 것을 생각하면 놀랍고 경이로운 일입니다.

내가 어머니와 함께 있었을 때 하나님은 어머니의 삶을 통해서 내 생의 모든 면에 변화를 주었습니다. 그래서 어머니를 볼 때마다 힘과 사랑을 가지게 되었고 더 귀한 하나님 아버지에 대한 믿음을 알게 되었습니다.

어머니는 나에게 위대한 증언자요, 하나님의 사랑과 자비를 가르쳐 준 분입니다. 50번째 어머니의 생일을 맞이하여 하나님이 어머니를 훌륭하게 만들어 주신 것에 감사를 드리고 싶습니다.

엄마, 정말 많이 사랑합니다. 어머니가 계시지 않는 나의 생은 상상할 수 없습니다. 고집스럽고 참을성이 없이 어머니에게 대했던 지난날의 일을 생각하면 미안한 생각밖에 없습니다. 그래서 나의 잘못되었던 행동에 대해서 하나님께 용서를 빈답니다.

엄마 할 수 있는 대로 하나님의 약속을 붙잡고 꿋꿋하게 살아가세요. 이 세상에서 자유로움을 얻는 그날까지 그리스도의 피가 어머니를 돌보시기를 기원합니다. 엄마 사랑해요.

하나님의 귀한 사랑 가운데 있는 당신의 아들 에디 씀.

## 사랑하는 나의 아들 에디에게

 네게 감사의 말을 들을 만큼 엄마로서 잘한 것은 없는 것 같으나 다만 개구쟁이 네가 엄마 속을 태울 때마다 궁둥이 한 번 철썩 때리지 못하고 방으로 들어가 너를 위해, 또 부족한 나를 위해 눈물로 기도한 적이 한두 번이 아니었단다.
 눈물로 기도한 자식은 망하지 않는다는 말씀을 믿고 20여 년 이른 아침마다 한 기도가 오늘의 네가 있게 한 것 같아 엄마는 큰 진주 보물을 발견한 것처럼 기쁘기 한이 없단다.
 조금이라도 엄마를 통해 네가 그리스도의 사랑과 인격을 보고 깨달았다니 정말 고맙구나. 엄마의 아픈 다리를 붙잡고 눈물로 간구를 드리는 네게서 나는 네가 하나님의 종이 된 것을 보았단다.
 얼마 전 일인데, 이모에게 무엇을 부탁하는 내게 "언니는 언제 나를 도와준 적이 있어?" 하더구나. 이모의 그 말에 그저 나는 입을 닫았단다.

감사할 줄 모르는 그 한마디에 하루 온종일 마음이 섭섭하고 아팠지. 다음날 아침 기도 중에 주님 앞에서 엄마 자신이 감사할 줄 모르는 모습으로 깨닫게 하셔서 긴 회개의 기도를 드렸단다.

주님께 치료받은 열 명의 문둥병자 중 오직 한 사람만 다시 예수께 돌아와 감사를 드렸을 때 주님이 그 영혼을 구원하셨지. 나머지 아홉 명의 문둥병자는 육신의 치료는 받았지만 영혼을 구원받지 못했던 거지.

에디야, 이 말씀을 통해 교인일지라도 하나님께 감사의 제사를 드리지 못하면 그 영혼은 구원받지 못하는 것이야. 또 세상엔 90% 정도의 사람들이 창조주와 주위에 도움을 주는 사람에게 감사를 드리지 않는다는 비유가 있어.

그래서 주님은 오른손이 구제할 때 왼손이 모르게 하라고 한 것 같구나. 사람들이 도움이나 구제 받은 것에 감사하지 않기 때문에 하늘의 상급을 바라보고 현생에선 잊어버리라는 진리인 것을 깨달았단다.

내겐 더없이 큰 은혜이며 깨닫게 하심을 너와 나누고 싶었단다.

그러던 며칠 후 내가 후원하는 아이 벤한테서 최근 찍은 사진과 편지가 왔단다. 한 해 사이에 의젓하게 철이 든 모습으로 자랐더구나. 이번 편지는 띄엄띄엄 서너 줄 쓴 예전의 안부 편지가 아니라 마치 내가 옆에 앉아 있는 것처럼 다정히 썼더구나.

자기 반에 신발도 없이 해진 옷에 점심도시락도 못 가져오는데 친구가 있대. 그 아이가 "너도 나처럼 가난한데 어떻게 좋은 신발에 좋은 옷과 점심도 가져오느냐?"고 묻더래. 그래서 자랑스레 대답했다는구나. "나는 뉴욕의 스폰서가 도와주어 그렇다."고 말이야. 그러면서 나는 당신에게 얼마나 감사를 드리는지 모른다면서 자기 친구도 친절한 스폰서를 만나기를 기도한다고 했단다.

그 아이가 젖먹이 때부터 이만큼 잘 자란 것도 뿌듯하고 처음 듣는 감사의 말이 한 주 내내 엄마 마음을 흐뭇하게 하였단다.

그런데 네 편지를 받으니 더없이 큰 삶의 보람과 용기를 주는구나. 네가 선택받은, 감사할 줄 아는 그리스도인으로 성장해 주어 정말 고맙구나.

마지막으로 "너는 주 안에서 무엇이든지 할 수 있어."

엄마가 늘 하는 이 말을 잊지 말기 바라면서….

사랑하는 엄마가.

## 나 없이 내일이 시작될 때

데비드 로마노

나 없이 내일이 시작될 때
내가 거기에 없을 때
태양이 떴는데 그대의 눈이
나 때문에 눈물 젖어 있다면
우리가 서로에게 말하지 못한
수많은 것들을 생각하며
오늘처럼 그대가 울지 않기를
정말로 바라고 있다오.
내가 그대를 사랑하는 만큼
그대가 얼마나 나를 사랑하는 지 안다면
내 생각을 할 때마다
나를 그리워하리라는 것도.

하지만 나 없이 내일이 시작되더라도
이것을 이해해주기를 바라오.
천사가 와서 내 이름을 부르고
내 손을 잡고서 말해주었다네.
저 위의 천상에
내 자리가 준비되었다고.
내가 사랑하는 모든 이들을
이제는 남기고 가야 한다고.
하지만 돌아서면서 나는
눈물을 떨구었다네
나는 죽고 싶지 않다고
평생동안 생각해왔었기에.
살아야 할 이유와
해야 할 일들이 아직 많은데.
그대를 떠난다는 것이
거의 불가능하게 느껴졌다네.

지난 일들을 생각하였소
좋은 일들과 슬픈 일들을.
우리가 나누었던 그 모든
사랑과 기쁨에 대하여.
잠깐만이라도 다시 한 번

과거를 살 수만 있다면
그대에게 키스하고 작별인사를 하면
어쩌면 그대의 미소를 볼 수도 있지 않을까.
하지만 이것은 결코 가능하지 않음을
나는 온전히 깨닫게 되었다네.
빈자리와 기억들만이
나를 대신할 것이기 때문에.
내가 보지 못할 내일의
세상일들이 일어날 생각을 하니
그대가 생각났고 그랬더니
가슴에 슬픔이 가득했네.
하지만 천상의 문으로 들어갔을 때
나는 고향에 온 듯했고
신이 커다란 황금옥좌에서
미소 지으며 나를 내려다보았을 때
내게 이렇게 말씀하셨네.
"이것이 영원이다. 너에게 약속했던 모든 것이다.
이제 너의 지상의 삶은 끝났지만
이제 다시 새로 시작이다.
어떠한 내일도 약속해줄 수 없으나
오늘은 영원할 것이다.
모든 날들이 같기 때문에

과거를 그리워하는 일은 없을 것이다.
너는 아주 충실했고
믿음을 가진 진실한 사람이었다.
비록 때로는 하지 말았어야 할
일들을 했던 적도 있었지만.
허나 너는 용서 받았고 이제 마침내
너는 자유가 되었다.
그러니 내 손을 잡고
나의 삶을 함께하지 않겠는가?"
그러하기에 이제는
나 없이 내일이 시작되더라도
우리가 떨어져 있다고 생각지 말아주오.
그대가 내 생각을 할 때마다 나는
바로 여기, 그대의 가슴속에 있을 테니까.

# 에디 친구의 조사

저는 코넬대학 수의학과(CornellVeterinary College) 에디의 동급생입니다. 귀하와 귀하의 가족에게 깊은 조의를 표합니다. 그는 놀라운 동료이자 친구였지요. 그는 매우 멋진 사람이었습니다. 그가 사물을 설명하면 매우 도움이 되었고 인내심이 대단했던 것을 기억합니다.

그는 또한 놀라운 음악가였어요. 우리는 코넬 수의과 대학에서 아카펠라 그룹을 함께했고 수의사 칼리지 뮤지컬에서 함께 노래 부르곤 했어요.

나는 또한 그가 훌륭한 피아니스트이자 기타리스트였다고 기억합니다. 무엇보다도 그를 전염성 있는 웃음과 미소로 기억합니다. 우리 모두는 그를 둘러싸고 같이 있고 싶어 했지요.

우리 학급과 전체 수의사회는 그가 없는 깊은 상실감을 느끼고 있습니다. 나는 우리의 소중한 친구 사진을 갖고 있어요. 나 자신과 몇 명의 친구들과 함께한 우리가 가장 좋아하는 추억이 담긴 수의학과 DVD도 갖고 있어요.

### - 동료 교수의 편지

에드 박 박사의 별세 소식을 듣고 깜짝 놀랐습니다. 나는 코넬대 수의과 대학의 교수였지요. 졸업 후 다른 곳에서 인턴을 마친 에디가 코넬로 돌아와 병원 프라이머리에서 나와 함께 일했습니다. 그는 칼리지에서 가르치는 책임이 있었어요. 그는 훌륭한 사람이었습니다. 나는 그의 업적에 대해 얼마나 자랑스러운지 모릅니다. 그는 앞으로 몇 년 동안 내 생각에 남아있을 것이라고 확신합니다.

윌리엄 E.
코넬대학교 동물병원 수의학 명예교수


### - 닥터 박을 소개합니다

- Veterinary Speciality & Emergency Center 'Our Specialist Team'

닥터 에디 박은 뉴욕에서 태어나고 2002년 코넬대학 수의과 대학을 졸업했다. 졸업 후 뉴저지 오라델(Oradell) 동물병원에서 인턴십 1년을 마치고 코넬대학교로 돌아와 생명과학부에서 직원 응급 임상의이자 교수진으로 2003~2005년간 근무했다.

2007년 캘리포니아로 이주하여 상주 응급 및 중환자 레지던트를 마치고 ACVECC 보드 시험에 성공적으로 통과했다. 2009년 창립된 FVSEC(Fresno Veterinary Speciality Emergence center, 프레스노 수의학전문의 및 응급센터)에서 근무하고 있다.

그는 여가시간에 아내와 2명의 자녀와 함께 시간을 보내며 열렬한 스포츠 팬으로 뉴욕메츠와 뉴욕 자이언츠를 사랑한다.

## 코넬 수의과 에디장학재단

　아들 에디가 세상을 떠난 그 다음해 2015년에 그의 절친 리자, 코넬대 동문들, 그리고 수의과가 중심이 되어 에디 장학재단(Memory of Ed. Park's Scholarship)이 설립됐고 동문과 지인들의 기부가 이뤄졌다.
　에디의 상실로 인한 뼈를 깎는 고통 속에 무너진 내 삶이 다소 위로가 되었다. 그래서 나는 에디장학재단의 담당자 에미와 연락이 되어 50만 달러를 약정, 5년간 매년 10만 달러씩 에디의 생일날 기부하기도 서명했다.
　동문들의 기부가 계속 이어질 수도 없고 그리 큰 펀드(fund)가 안되니 장학기금에 내가 힘을 더 보태고 싶었다. 내 나이 벌써 70이 가까운 노년인데 장학금 50만 달러에 파나마 선교센터 건립 10만 달러를 감당하는 것은 큰 도전이었다. 에디의 죽음으로 받은 심정 충격은 비즈니스 실적도 저하시켰다.
　나는 할 수 없지만 주님은 나를 축복하사 이를 이뤄지게 하시리라는 믿음이 있었다.

　매년 30여 채의 매매 실적으로, 랜드마크 마켓센터 파트너십에서 오는 수입과 멘토링에서 나오는 에이전트 영입의 수당 등이 총수입이었다.

　드디어 2019년 에디의 생일날 마지막 남은 10만 달러, 총 50만 달러를 장학금으로 기부했다.

　매년 코넬 총장(Mrs Pollack)과 수의과 학장은 내게 개인적인 감사 메시지를 보낸다. 장학재단의 수의과 학장은 나를 방문, 함께 점심식사도 하였다. 코넬 장학재단에는 기업들이 엄청난 기부를 해온다. 그러나 개인 기부 금액으로는 최고라서 나는 파워 기부자 명단에 들어갔다.

　나는 "에디의 딸 루이자가 성장하여 코넬 수의과를 가서 아버지 뒤를 잇기를 기도한다."고 장학재단에 전했고 모든 스텝들이 눈물을 흘렸다고 전해 들었다.

　이 장학기금은 펀드로 항상 그 금액을 에스크로(escrow)로 하고 투자하여 나오는 5~10% 이익으로 장학금을 준다. 그래서 에디장학재단은 영원히 코넬대 수의과에 존재한다. 에디가 영원히 사는 것이었다.

　2021년 4명의 수의과 학생들에게 거의 만 달러씩 수여되었고 재단은 수상자 명단과 수여금액을 내게 보내주었고 그 학생들의 감사 편지 등을 받았다. 에디의 죽음이 헛되지 않았음을 느낀다.

Dear Holly,

I want to send this information quickly for you, but I would like to send pictures of these great students later. This scholarship is so important for students who are working hard to fulfill their dreams. Thank you so much for making

it possible.

Amy

| Nicole | Ayres | Edward Park Memorial Scholarship | 9500.00 |
|--------|-------|----------------------------------|---------|
| Jayden | Robert | Edward Park Memorial Scholarship | 12800.00 |
| Oliver | Riopelle | Edward Park Memorial Scholarship | 7350.00 |
| Tanner | Yuhas | Edward Park Memorial Scholarship | 7000.00 |

Client and Family Giving
College of Veterinary Medicine
607.253.3742
animalhealthpartners@cornell.edu

2021년 에디장학재단의 장학생 명단

　이러한 사실을 몇 명의 지인에게 알렸더니 "천국에서 에디가 기뻐할 거다."고 하였는데 그날 밤 나는 에디를 만나는 꿈을 꾸었다. 에디가 간 후 두 번째로 나타나서 나는 아들과 낯선 곳으로 여행하는 꿈을 꾸었다. 꿈속에서도 나는 너무 좋았다. 정말 에디가 천국에서 기뻐하는 것 같았다.

　70이 넘은, 왜소하기 짝이 없는 노인이 어떻게 이런 큰일을 할 수 있었을까. 아니, 이 모든 것은 내가 한 일이 아니다. 나는 기도하고 하나님이 나를 축복하셔서 된 일이다. 하나님이 요셉의 곳간을 채우시고 부어주신 것이다. 이 모든 것은 하나님의 영광이다.

  뉴욕 로칼 한인신문에서 몇 번 인터뷰 요청이 있었으나 나는 거절했다. 이는 내가 한 것이 아니라 하나님이 하신 것이므로….

## 영매 안나와의 만남

　에디가 죽은 후 에디의 영이 하늘나라로 갔는지 심한 궁금증과 함께 의심이 되었다. 아들을 잃은 고통으로 나는 극심한 불면증에 시달렸다. 하루에 서너 시간을 잔 적이 거의 없었다. 여러 명의 의사들에게 상담과 진료를 받았지만 별다른 효과가 없었다.
　겨우 잠이 들어도 한밤중인 오전 2시면 깨었고 다시는 잠들 수 없었다. 그때부터 책을 읽기 시작하여 새벽이 밝아올 때 잠시 눈을 붙이곤 했다.
　내가 읽은 것은 『사후의 생(Life after Death)』을 주제로 한 책들이다. 90년부터 임사체험한 각 나라의 수천 명을 인터뷰한 책, 유체이탈을 경험한 수많은 증인들의 체험에 관련한 책, 특히 의사들이 사후의 생에 대해 연구한 서적들이 많이 출간되어 있었다.
　나는 이 책들을 섭렵하면서 자살에 대한 하나님의 심판 등에 대한 내용이 내가 알던 사실과는 다르다는 것을 깨달았다.

　에디의 죽음 이전에는 내 동기간이나 친척들의 죽음을 경험하지 못한 터였다. 주위 지인들의 장례식에는 자주 참석했지만 천국 환송, 하나님 나라로 안식한다는, 늘 듣던 그 사실이 내 머리로만 짐작했었다.

　아들의 죽음으로 인해 죽음 후에 우리의 영이 천국 하늘나라로, 육신의 몸에서 벗어난 영혼들이 우주 만물을 살피시는 하나님에게로, 창조의 신이자 생사를 주관하시는 하나님의 주권이 비로소 내 심령에 진리로 들어오기 시작했다.

　내 머리로만, 이성으로만 알던 것이 내 심장에 영혼으로 깨우쳐진 것이다.

　수천 명이 사후 하늘나라가 얼마나 아름답고 사랑과 빛, 평강이 넘치는 곳인지를 증언했다. 나 역시 2004년에 빛과 평화의 그 하늘나라를 체험한 바 있다.

　삶과 죽음의 경계를 넘나드는 수술 후 임사체험(臨死體驗, Near-Death Experience), 즉 근사체험을 한 후 깨어났던 것이다. 사랑의 하나님이, 용서와 자비의 하나님이 그 무서운 지옥으로 우리를 보내 영원히 고통 받게 하리라는 것은 믿기 어려웠다.

　스텐보리의 『천국기행』이란 책이 있다. 18세기 저명한 과학자가 하나님의 특별한 영의 능력으로 27년간 영의 세계, 하늘나라의 실체를 하나님과 교제를 경험한 이야기다. 이 책을 읽어보아도 그렇다. 죽음은 우리의 마지막이 아니다.

이 세상에 태어나 살게 해주신 조물주, 하나님이 부여하신 이 삶을, 각자에게 주어진 생명의 기한이 끝내는 날, 지구 순례 여행 후 육신은 땅으로 돌아가지만 우리의 영은 다시 하늘로 돌아간다는 진리가 내 머리 속에 각인되었다.

　어느 날, 미국 대형서점 반즈 앤 노블에 들렀다가 베스트셀러 로라 로빈슨(Laura Robinson)의 『The Light between US』라는 책이 눈에 들어왔다. 영화배우처럼 아름답게 생긴 젊은 미인이고 현재 롱아일랜드 만하셋 헤릭스 고등학교 영어교사이다.

　로라는 신적 영역(divine realm)으로 다른 사람들의 고통을 감지하거나 앞으로 닥칠 불행한 사건이 죽음을 예언할 수 있다고 했다. 특히 자식을 잃은 어머니를 상대로 죽은 자식과 영을 연결시킴으로써 어머니의 고통과 슬픔을 위로 및 치료하는 사역을 하며 쓴 논픽션이었다.

　만나고 싶었다. 그러나 현직 영어교사가 본업이고 보니 그녀와 만나려면 2년을 기다려야 한다고 했다. 나는 인터넷에 들어가서 찾아보니 바로 우리 집에서 서너 블록 떨어진 곳에 '안나'라는 영매가 살고 있었다. 나는 그녀를 만나러 갔다.

　그녀는 나의 이름, 생년월일 등 몇 가지를 물었다. 답을 했더니 대뜸 말했다.

　"네 아들의 죽음 때문에 왔느냐?"

　그리고 말했다. "하나님이 당신보다 에디를 더 사랑하셔서 일찍 데려갔다. 당신 아들은 하나님 보좌 앞에서 귀히 쓰임을 받아 행복하다. 에디가 어머니의 상심이 너무 커서 당신을 내 앞으로 오게 했다."

또한 J로 시작하는 세 이름 중에 에디의 아들인 제임스도 그중에 있었다. 자폐증 증상이 있는 제임스를 위해 기도를 부탁하려고 내가 자기한테 온 것이란다.

에디가 살아있던 2013년, 10월초에 회사가 주최하는 패밀리 유니온 집회가 캘리포니아 애나하임에서 열렸었다. 그곳에 참석했다가 에디가 사는 프레스노에 가보니 제임스가 5살, 루이자는 3살인데 제임스가 나이에 비해 언어도 그렇고 여러 가지로 늦되어 보였다. 루이자는 자기 아빠를 닮아 명석해 보였다.

그때 섬광처럼 지나가는 예감이 '자폐증' 의심이었다. 떠나면서 에디에게 "제임스를 스피치 테라피에 보내 치료받게 하는 것이 어떠냐?"고 했었다. 또 "두 아이를 어미 손에 맡기지 말고 네가 잘 양육하라."고 부탁 했었다.

아내인 멕시코계 로더스는 고등학교만 졸업했고 같이 산 지 몇 년이 지난 그때에는 두 사람간에 인격적인 소통도 없어 보였다. 그래서 에디에게 아이들을 잘 양육하라고 부탁을 한 것이다.

나는 그가 떠난 지 얼마 후 거실 벽난로 옆에 서있는 에디의 꿈을 꾸었다. 그래서 그 옆에 에디의 영정사진과 함께 동료들, 클리닉 의사들이 에디를 그리며 추억을 한마디씩 쓴 수십 개의 돌이 담긴 유리곽을 함께 잘 보관해 두었다.

장미를 한 다발 사다가 그곳에 꽂아두면 근 한 달간 장미가 시들지 않았다. 그렇게 말린 수백 개의 장미꽃들을 큰 항아리에 담아두었다.

보통 일주일이면 시들어버리는 장미가 4주일이나 가는 것이 늘 궁금했는데 그렇다면 에디의 영이 내 집에 있었던 것인가.

안나는 에디가 리빙룸 영정 사진 그곳에 늘 있었다고 말했다.

"내가 어떻게 너의 말을 믿느냐?"

"그러면 내가 에니와 교통한 그 증거를 에디에게 보여 달라고 묻겠다. 내가 소속된 성당에 가서 많은 시간 기도하면서 에디를 증명할 수 있는 것을 알아서 얘기할 테니 이틀 후에 보자."

그래서 이틀 후에 다시 안나를 만났다.

"에디와 교통하였더니 네 가지를 어머니 보고 준비하여 3일 후에 그 상자를 가지고 다시 오라고 했다."

상자에 하얀 장미 세 송이, 에디가 어릴 때 나와 함께 찍은 사진, 수취인 없는 3만 8천 달러를 쓴 체크, 이렇게 세 가지를 준비하라고 했다.

안나가 "왜 3만 8천 달러인 줄 모르겠어." 하기에 "에디가 38살에 죽었다."고 말했다.

그리고 그녀는 나더러 1달러짜리 지폐를 꺼내라고 했다. 반을 접어 위에서 아래로 찢으면서 소원 4가지를 마음속으로 말하라고 했다. 다시 또 한 번 접어서 찢고 또 소원을 말하라 하고 다시 그 돈을 접어 찢으며 소원을 말하라고 했다. 이렇게 여러 번 시키는 대로 하니 1달러 지폐는 여러 조각이 되어버렸다.

안나는 냅킨을 꺼내더니 그 조각으로 찢어진 1달러를 싼 다음 이것을 그 상자에 함께 넣으라고 했다. 그리고 상자를 열어보지 말고 3일 후 오후 7시에 자기에게 오라고 했다.

나는 작은 상자를 준비하고 슈퍼마켓에서 산 흰 장미 세 송이를 그 안에 넣고 에디와 함께 찍은 사진 한 장, 3만 8천 달러짜리 체크 한 장, 그리고 냅킨에 싼 조각난 1달러 지폐를 넣었다.

그리고 3일 후인 저녁 7시에 그 상자를 가지고 안나한테 갔다. 안나와 함께 상자를 열었더니 세 송이 장미가 싱싱하게 살아있고 조각난 1달러를 싼 냅킨을 열고는 너무 놀라서 나도 모르게 비명을 질렀다. 조각났던 1달러 지폐가 온전한 1달러짜리 지폐로 있었다.

내가 처음 찢었던 끝부분에 작게 찢은 자리가 있어서 바로 그 지폐임을 알 수 있었다.

"어떻게 이럴 수가!"

안나는 이렇게 에디와 자신이 교통함을 증거했다. 나는 인정할 수밖에 없었다.

그 3만 8천 달러는 나를 위해 쓰면 안 된다고도 말했다.

나는 안나에게 2천 달러 수표를 주고 "이제는 믿겠다. 감사하다." 인사했다.

그때가 2016년 9월 28일이었다.

그날 이후 내 가슴에 박혔던 대못의 고통이 나를 떠나갔다. 나는 아들을 상실한 아픔에서 많은 치유를 받았다.

그리고 나처럼 자식 잃은 어머니들, 죽음으로 고통당하는 주위 지인들에게 다가가 심령에서 나오는 기도와 위로를 했다. 하나님의 평안을 줄 수 있게 자그마한 힘을 보탰다.

참좋은교회 윤문선 목사님 부부는 졸지에 31살 오페라 성악가 아들을 심장마비로 잃고 큰 상심에 잠겼는데 나는 몇 번의 만남으로 나의 경험을 전했다. 그 이후 목사님은 한국으로 귀국하셔 다시 목회를 시작하게 되었다.

안나 말대로 곧 내게 생각지도 않은 주택 매매로 3만 8천 달러가 들어왔다. 2016년에 파나마 어린이선교센터에 약속한 10만 달러 중 4만 달러를 기부할 수 있었다.

# 두 번째 디스크 수술과 근사체험

첫 디스크와 협착증으로 수술을 받은 8년 후 다시 여러 개의 디스크 협착으로 내 몸은 다시 왼쪽으로 휘어졌다. 보행이 불편해지더니 통증이 왔다. 1년 동안 침을 맞고 기구 사용, 물리치료를 받았지만 수술 밖에는 방법이 없는 상태가 되었다.

수술했던 부위 주변으로 흉터(Scartissae)들이 생겨나서 수술이 난해해지면서 다시 정상으로 걸을 수 있는 확률이 35%라고 했다. 결국 롱아일랜드 노스쇼어 병원 정형외과 닥터 실버트에게 수술을 의뢰했다. 수술 하는 새벽, 나는 제단 십자가 앞에 꿇어 엎드려 주님께 눈물의 기도를 드렸다.

"주님, 다시 정상으로 걷게 해주시면 온전히 제 생명을 주님께 드리고 주를 위해 살겠습니다."

얼마 전 새로 오신 2대 황인철 목사님께서 내게 기도해주셨다. 첫 디스크 수술을 받았을 때와 자궁복부수술 후 마취에서 깨어날 때 느낀, 마치 지옥길로 떨어지는 것 같은 극심한 고통의 경험을 이번에는 겪지 않게 해달라고 기도했다.

"주님, 다시 일으켜 걷게 하옵시면 내 생명 주님께 바치겠습니다."

수술방으로 가기 전에 남편과 두 아이의 손을 함께 잡고 하나님의 도우심의 기도를 드렸다.

나는 아주 평화로운 동산 위를 천천히 날고 있다. 새파란 보석처럼 밝고 찬란한 하늘, 온갖 꽃들과 나무가 다채롭게 펼쳐진 초원이다. 졸졸 흐르는 시냇물 소리, 지저귀는 새소리, 아름다운 음악이 천상에 가득 차 있다. 나는 나무로 된 작은 돛단배 안에 하늘을 향해 누워있다. 하늘의 평강이 내 심령에 차 오른다. 환한 빛 가운데로 나는 천천히 날아갔다.

나는 마취에서 서서히 깨어나고 있었다. 병원 침대 머리맡에서는 그 아름다운 천상의 음악이 계속 머물다가 천천히 사라지고 나는 눈을 떴다.

'여기가 어디? 내가 왜 여기 누워있지?'

잠시 혼란이 왔다. 정맥주사, 피하주사병이 보였다. 등을 만져보니 드레싱이 만져진다.

'아, 내가 수술을 받았지.'

이번에도 수술 부위에 통증이 전혀 없었다. 침대에서 일어나 반듯하게 걸어서 화장실을 다녀왔다. 그때에서야 나의 영혼이 마취 후 하늘나라의 체험을 하고 돌아온 것을 깨달았다. 말로만 듣던 하늘의 평강을 그때 처음으로 경험한 것이다.

나는 마치 새 몸을 받은 것 같았다. 20년 이상 약을 복용해야 했던 위궤양의 고통에서. 정상으로 돌아온 척추수술의 성공으로, 심장 부정맥에서 오는 증상이 모두 치유된 것이다.

58세 때 받은 이 근사 체험 이후 내 몸은 달라졌다. 그때 이후 잠에서 고통 없이 아침에 깨어났고 김치나 매운 것을 못 먹던 심한 위궤양이 어느덧 나도 모르는 새 치유되었고 음식을 먹어도 한 번도 체하는 일도 없었다. 얼굴의 주름도 안 생기고 치아도 그대로이고 시력과 청력도 50대 그때 그대로이다. 온전한 건강으로 모두 새롭게 하여 주셨다.

2004년 그해, 두 번째 척추수술로 어려웠지만 전국 리맥스 부동산에서 64채 집 매매 2등의 실적을 올렸다.

## 하나님의 징벌

하나님은 내게 남편이란 십자가를 내려주셨다. 그리고 내가 놓으려고 시도를 할 때마다 내게 벌을 주셨다. 그의 과격한 성격은 나를 통제했고 억압에서 오는 부부간 불화는 나를 몹시 힘들게 했다.

나는 밖에서는 전문직 여성으로 누구보다도 능력 있고 멋지고 존경받는 사람이었다. 그러나 집에서는 19세기 시골 한구석 부엌에서 밥 하는 구박덩이 아내였다. 슈퍼우먼이 이렇게 대우를 못 받다니 싶어서 며칠이 머다 하고 부부싸움을 하게 되었다. 그날도 심하게 다투고 딸아이한테 피신을 갔다.

"I wish he drop dead.(그가 죽었으면 좋겠어.)"

딸은 너무 놀랐다. 나도 모르게 나온 저주였다.

바로 그 다음날, 언니와 시애틀에 사는 조카 제임스를 만나러 케네디 공항에서 시카고로 가는 기내에서 나는 갑자기 정신을 잃기 시작했다. 식은땀이 나고 온몸의 기가 다 빠지면서 몸이 무너지는 것 같아 옆에 앉은 언니의 무릎에 엎드렸다. 기내에서 환자가 생겼다고 의사 없느냐는 방송이 나갔다. 스튜어디스는 시카고에서 시애틀 가는 비행기를 갈아타기 전에 앰뷸런스를 대기하라고 조치해 주었다.

난 그때 남편을 저주한 것이 생각이 났다. 정신을 잃으면서도 주님께 용서를 빌고 회개를 하였다. 언니는 내 머리에 손을 얹고 "주님, 혜경이를 살려 달라"고 부르짖는 기도를 했다.

얼마 후 나는 정신이 들어 깨어났다. 걸어서 공항을 걸어갈 수 있게 되었다. 난 주님이 남편에게 저주의 말을 한 내게 벌을 주신 것을 깨달았다.

나는 50세부터 남편과 각방을 썼다. 나는 마스터 베드룸에서 남편은 1층 패밀리 옆에 붙은 침실과 화장실을 써왔다. 막 잠이 들려고 하는데 복도에서 찰랑거리는 소리가 들리더니 침실로 동그란 통이 톡톡 소리를 내고 들어왔다. 내 방안은 온통 파란 잔디로 덮여있었다. 통통거리며 들어온 통은 다시 복도로 나가기에 쫓아가보니 넓은 거실이 마치 황폐한 늦가을에 벼가 베어진 채 물이 채워진 논처럼 물 고인 폐허가 되어있었다.

'아니, 거실이 이게 무슨 일이야?'

층계를 내려가서 남편이 있는 방으로 나있는 계단을 보니 팬티만 걸친 남편이 그곳에 죽어서 누워있었다. 나는 기절을 할 뻔했는데 그 순간 모든 것이 시야에서 사라졌다. 환상이었다. 급히 남편 방을 열고 보니 남편은 곤히 자고 있었다. 나는 이

환상이 무엇을 의미하는지 알 수 없었다.

남편은 매년 추석맞이 고국방문 행사 때가 되면 상록회 노인들을 인솔하여 2주일 동안 집을 비운다. 그때도 한국으로 남편이 떠난 날, 자유로운 2주간의 해방에 기뻐하면서 층계를 내려가다가 남편이 죽어있던 그 모습으로 떨어졌다. 척추와 등쪽의 통증으로 일어나지 못하고 층계에 한동안 그렇게 누워있어야 했다.

이때 오른손 엄지가 골절되어 기부스를 해야 했다. 다행히 척추는 일시적 충격을 받아 그나마 다행이었다. 이런 위급상황이 닥치면 나를 병원 응급실로 데리고 갈 남편이 없었다. 그때 나는 하나님이 내게 징벌을 내리시는 것을 깨달았다.

'남편 없이 네가 어떻게 하겠느냐?'

50세가 된 96년, 위층 다락에서 어릴 때 듣던 그 귀신들이 뛰어다니던 경험을 했다. 이후 집이 때로 무섭고 섬찟했다. 남편의 위압적인 그늘을 벗어나고자 베이사이드 콘도를 남편 몰래 구입한 후 알리지 않은 채 내 짐만 싸들고 이사했었다.

그러자 남편은 양목사님과 어머니를 교회로 찾아가서 '에디 엄마에게 잘해주겠다'고 애원하였다. 남편은 40일 새벽기도를 마친 후에 세례를 받았다.

결국 석 달 만에 집은 세를 주었고 남편은 내가 사는 콘도로 들어왔다.

불순종한 내게 하나님은 진노하셨다. 걷지 못한 채 그렇게 침대에 누워버린 나는 이후 다시는 남편을 떠날 생각을 접었다. 내가 지고 갈 하나님이 주신 십자가로, 파수꾼으로, 믿음으로 이 모든 것을 받아들여야 했다.

## 비트리스 정의 죽음

정집사, 영어이름 비트리스(Beatrice)는 45세에 유방암 3기 진단을 받았다. 자신의 어머니도 46세에 유방암으로 사망했다고 한다.

그녀는 총명하고도 예뻤다. 한국에서 아르헨티나로 이민을 갔다가 미국으로 이주해서 한국말, 스페인어, 영어 3개 국어에 능통했다. 켈러 윌리엄스 오피스의 트레이닝 코스, 내가 매년 진행하는 8주간 멘토링을 마친 후 3년 후에는 10등 안에 들어가는 실적을 올리는 유능한 에이전트가 되었다.

늦게 결혼해서 낳은 대여섯 살 되는 딸 사랑이가 초등학교에 입학을 했고 아름다운교회에 출석하였다. 그녀는 나를 멘토로 여겼고 내게서 성공의 노하우를 배우려고 했다.

"이 마켓센터를 창업하여 성공하신 분, 한인으로서 자랑스럽고 존경합니다."

그렇게 말하던 그녀가 성공으로 가는 길 앞에서 유방암 3기라니, 그녀와 우리 모두는 큰 충격을 받았다.

그녀는 유방암 치료에 대한 모든 자료를 다 습득한 것 같았다. 수술을 거부하고 자연치료를 택하더니 2~3주일은 자연치료 진료소에 기거하면서 치료를 받았다. 한국의 유명하다는 자연치료원에 가서 한 달간 있다가 오기도 했다.

그리고 내게 기도 부탁을 했다.

"권사님, 저를 위해 기도해 주세요. 사랑이를 두고 죽을 수 없어요."

그녀는 암투병 중에서도 파나마 플라지욘 선교지에 가서 통역 봉사를 했다. 안수기도를 몇 번 했고 치료 덕분인지 암세포가 더 이상 자라지 않아 치유된 줄 알았다. 그런데 일 년 후 재발되면서 다른 장기까지 퍼졌다. 그녀의 투병은 정말 보기 안타까웠다.

나는 먹을 것과 환자에게 필요한 옷들을 가지고 집으로, 병원으로 찾아갔다. 극심한 통증으로 모르핀을 맞아야 했다. 그래서 잠이 들면 다시 깨어나지 못할 까봐 눈을 감지도 못한다고 해서 정말 가슴이 아팠다.

"사랑이 저렇게 두고 못가요."

그러나 그녀는 수술을 받고 방사선 치료도 했지만 말기암에는 아무런 효력이 없었다.

세상을 떠나기 일주일 전에 비트리스의 집을 방문하였다. 암을 제거한 왼쪽 가슴에 생살과 뼈까지 드러난 것을 보니 너무

기가 막혔다. 하루라도 더 살고 싶은 생의 집착이 차마 자식을 두고 눈을 감지 못하는 어미의 마음이라는 것을 알기에 더욱 고통스러웠다.

"권사님, 기도해주세요."

간절하게 부탁하는 그녀. 나는 주님의 긍휼에 의지하여 함께 눈물로 기도하며 간구했다.

"내게 허락하신 생명의 5년 만이라도 비트리스에게 부여해 달라."

통곡하며 드리는 내 기도에 주위 친지, 친구 모두 울음바다가 됐다. 그러나 나의 이 기도에 주님은 치유 역사의 능력으로 응답하지 않으셨다. 호스피트 병동에서 그녀는 주님 나라로 떠났다. 근 3년 암투쟁을 하며 기도하는 그녀를 지켜본 나는 마치 내가 그 고난의 길을 걸어온 것 같은 탈진 속에 슬픔이 몰려왔다.

비트리스가 세상을 떠난 날, 주님은 그녀의 환상을 보여주었다. 길고 까만 생머리를 얌전히 빗어 내린 평안한 얼굴의 그녀가 오렌지 핑크색상의 하늘거리는 얇은 드레스를 입고 하늘로 올라가는 모습이었다.

그녀와 가장 친했던 미국인 친구 페티(Patti)가 몹시 슬퍼했고 사랑이를 친엄마처럼 챙겼다. 나는 비트리스의 환상을 말하며 하늘나라에 평안히 안식했다고 위로를 해주었다.

근 두달 후에 페티가 나를 만나자고 하더니 가장 친한 친구를 잃은 상실감을 달래고자 찾아간 점성술사가 한 말을 내게 전해주었다.

"할리, 네가 말한 대로 비트니스가 그 옷을 입고 천국으로 향한다고 했어."

비트리스! 딸을 너무나 사랑하기에 이 땅을 떠날 수가 없어 죽을힘을 다해 붙들려던 그 귀한 하루, 내게 그 기적 같은 하루가 매일 주어지고 있다. 그렇게 원하던 그 영광의 하루가, 기적으로 축복하심에 감사가 넘친다.

비트리스는 내 아들 에디처럼 내 가슴에, 내 영혼에 각인되었다.

'비트리스! 네가 천국에서 날마다 사랑이를 위해 기도하고 지켜주기를.'

## 어머니, 너싱홈과 소천

　나의 어머니는 근 2년간 딸 제니를 키우시고 정을 주시다가 세 살 된 손녀를 미국에 보내셨다. 그리고 3여 년 만에 이번에는 아들 에디를 돌봐주시겠다고 에디가 병원에서 퇴원한 날에 뉴욕으로 오셨다.
　어머니는 막냇동생 부부가 이민 와서 첫 딸을 분만할 때, 에디가 4살 될 때까지 나를 도와주셨다. 그동안 나는 어머니, 남편과 딸, 형제들과 시누이 식구들 모두 17명을 1980년도에 미국에 오게 했다. 내가 이민 초청한 나의 남매들은 모두 뉴욕에서 영주권을 받고 정착했다.
　이들은 이민 초창기에는 삶의 터전과 기반을 잡느라고 힘들었지만 10여 년이 지나자 그들 나름대로 뿌리를 내렸다. 아이들도 모두 학교에서 우수한 성적을 거두고 생활도 안정을 찾아갔다.
　형제들이 뉴욕에 오고 이민자로 안정될 때까지 나는 그들을 위해 기도했다. 언니는 1년 정도 뉴욕에 살다가 영주권을 반납하고 한국으로 돌아갔는데 두 아들의 가족들이 모두 서울에 살았기 때문이다.

처음 뉴욕에 데려왔을 때 할머니를 "엄마"라고 부르며 울면서 찾던 제니는 3년 후에 뉴욕에 온 할머니에 대한 사랑을 기억하지 못하니 어머니는 참으로 섭섭해 했다.

셋째는 이혼한 처지라 딸과 내 집에서 근 1년을 함께 살았다. 맨해튼 남편의 가발 가게 앞에 있는 네일 가게에서 네일 기술을 배워 자립했다. 넷째는 근면 성실한데다가 장사 경험과 수완이 좋아 맨해튼에 대형 델리 가게를 몇 개씩 소유할 정도로 비즈니스에 성공했다. 막냇동생은 보험회사 에이전트로 올케는 간호사로 열심히 일했다.

이렇게 모든 남매가 90년대 초에는 주택을 장만하고 자녀들도 잘 키워서 이민자로써 기반을 잡게 되었다.

막냇동생은 세 자녀가 장성하여 대학에 갈 때 플러싱 지역에 아담한 스튜디오를 구입하여 어머니께 살게 해드렸다. 친구 분들과 마음대로 만나고 차 없이도 활동할 수 있게 되니 어머니는 참 좋아하셨다.

어머니에게 매달 나오는 소셜 연금이 850달러에 푸드 스탬프도 나오니 내가 감당하는 관리비 3분의 1을 보태 주실 정도였다.

내가 아름다운교회로 옮겨가면서 이장로님 부부는 정말 자식이 부모를 돌보듯이 주일이면 어머니를 모시고 교회를 다녀와 얼마나 감사했는지 모른다. 어머니 세대의 권사님이 대여섯 분으로 그들과 친교하고 무엇보다도 교회에서 예배드림이 어머니의 가장 큰 기쁨이고 보람이었다.

갸름한 계란형 미인에 쌍꺼풀이 있는 어머니는 인정도 많으셨다. 음식솜씨도 얼마나 좋은지 특히 갈비구이는 그 어느 한 식당도 따라가지 못했다.

내가 우리 집안의 첫 크리스천이고 그다음이 언니, 어머니, 동생들 순이다. 어머니는 새벽 4시면 어김없이 일어나셔 세안을 하고 단정히 옷을 차려입은 다음 성경을 읽으셨다. 교회의 모든 교인과 자식들, 손주들의 이름을 불러가면서 오전 6시까지 기도하신다.

'특히 우리 혜경이를 많이 축복하시어 제일 많이 바치는 종이 되라고.', 또한 '질병으로 고생하는 딸년 건강하게 해달라.'고 기도하신다.

어머니 나이 90세가 넘어 사시는 게 힘들자 '왜 하나님이 나를 안데려 가시냐?'고 넋두리 하실 때면 나는 말했다.

"엄마가 기도를 해주어 내가 돈을 잘 버는데 엄마가 없으면 누가 나를 위해 축복의 기도를 해요?"

"그건 그렇지."

그럴 때면 우울하고 침체된 마음이 가신 듯 보람 있어 하셨다. 나는 이날 이때까지 어머니를 어릴 때 습관처럼 '엄마'라고 부른다.

작은 교회라서 나는 십일조 헌금 10%를 놓고 기도했고 교회를 옮겨서는 1% 십일조를 채워주시기를 기도했다. 주님은 내가 구한 것보다 더 많이 헌금할 수 있게 해주셨다.

어머니는 90세가 넘으시니 거동이 불편하고 문지방에 걸려 넘어져서는 허리에 무리가 왔다. 바깥출입을 못하고 혼자 생활하시기 힘들자 홈케어에서 헬퍼를 보내주었다. 교회 출석도 어려워졌다.

나는 일주일에 한번이라도 어머니가 좋아하는 알젓과 굴비 등을 사서 방문하지만 플러싱 지역 파킹이 어렵다보니 한 시간짜리 주차자리에 간신히 주차를 해야 했고 어머니집에 오래 머물 수가 없었다.

어머니를 뵙고 빌딩 문을 나오면 5층 창가에서 내가 안 보일 때까지 손을 흔드는 어머니가 안쓰러워 눈물이 났다. 어머니가 돌아가신 후 자주 찾아뵙지 못한 것이 그렇게 후회가 되었다.

"눈이 어두워져 이젠 성경도 못 읽겠다. 이제는 기도를 해도 이름들이 생각이 안 나서 어떡하니?"

설날 아침이면 영시예배에 참석한 후에 어머니께 가서 떡국을 끓여드리고 함께 식사를 했다. 더 나이가 드시면서 치매가 왔다. 아침 일찍 전화를 하면 "내가 어디 있니? 죽고 싶다. 살아 무엇하니?" 하셨다.

거동이 점점 어려워지면서 16시간 홈케어 신청이나 너싱홈 입원을 신청해 보지만 번번이 거절당했다. 그날도 홈케어 에이전시에 18시간이 안되면 12시간이라도 해달라고 협회에 신청을 했다.

"우리 어머니가 매일 매일이 힘드셔서 죽고 싶다고 자꾸 말씀하신다."

협회 간호사가 깜짝 놀랐다.

"죽고 싶다고 했냐?"

"그렇다."

몇 시간 후, 넷째가 퇴근을 하고 어머니에게 들렀더니 앰뷸런스가 와서 어머니를 플러싱 시립병원 응급실로 옮긴다고 하여 급히 갔다. 내가 병원에서 일할 때와 달리 요즘은 어느 사람이든지 죽고 싶다고 표현하는 사람은 의무적으로 자살방지 응급실로 입원시킨다는 사실을 몰랐었다. 어머니도 나도 한국 문화 습관처럼 말끝마다 '죽고 싶다'고 한 것인데.

어쨌든 응급실에서 레지던트, 정신과 의사들이 차례로 검진을 했고 나는 통역자로, 헬스케어 위임자로써 옆에 있었다. 오후 9시쯤 어머니 컨디션이 괜찮다고 퇴원을 하라고 했다. 그러다가 응급실 담당 레지던트가 퇴원요약서를 쓰다가 소변검사가 안되었다고 어머니 소변을 가져오라고 했다.

불과 30분 전에 나는 어머니를 화장실에 모시고 갔는데 노인네가 아무리 기다려도 소변이 나올 리가 없다. 나는 어머니

대신 내 소변을 받아서 의사에게 건네주니 30분만 기다리라고 했다.

이 밤에 어머니를 아파트에 모셔다가 혼자 있게 할 수도, 또 집에는 치매기 있는 남편도 혼자 둘 수 없는 난감한 처지였다.

그런데 레지던트는 소변검사 리포트가 컴퓨터 화면에 뜨자 깜짝 놀라더니 말했다.

"너의 엄마가 방광염이 아주 심하다. 너무 염증이 심해서 약으로도 안 되고 입원하여 3일간 항생제를 혈관으로 주사해야 한다."

밤 10시쯤 되자 새로 들어오는 응급환자도 없어 거의 응급실이 비어있었다. 몇 시간 같이 있는 동안에 나도 간호사였다고 하니 내게 컴퓨터 화면을 보여주면서 말한 것이다. 그렇게 어머니는 밤 12시가 다되어 급히 7층 입원실로 옮겨졌다.

"나는 이렇게 멀쩡한데 방광염이 심하다니! 내 소변인데…."

나는 그동안 방광염을 여러 번 걸려 고생을 많이 한 경험이 있다. 저 정도면 심한 증상이 올 텐데 나는 괜찮다.

이렇게 어머니는 입원이 되었다. 환자가 병실에 입원하면 소셜 워커들이 퇴원 계획서를 살펴본 다음 환자 상태에 따라 퇴원의 길이 결정된다. 92세 노인이 혼자 살고 24시간 홈케어가 필요하다는 평가가 나와 너싱홈(Nursing Home)으로 퇴원시켜야 한다는 결정이 났다.

미국에서는 자녀들이 풀타임으로 일하면 자녀들에게 부모의 간호 의무를 지우지 않는다. 플러싱 유니온 스트리트에 있는 유니온 너싱홈은 나의 사무실에서 10분 거리이고 이 지역에 한인 이민자들이 많이 살아서 거의 반 이상의 환자들이 한인노인들이다.

식사도 한식으로 나오고 제일 시설도 좋아서 그곳 2인용 침실로 가시기를 기도했지만 퇴원하는 날 아침에 그곳에 자리가 없어서 다른 곳으로 가신다고 한다. 나는 그저 어디든지 가시는 것만으로 너무 감사했다. 오후 1시까지 어머니가 퇴원이 안 되더니 소셜워커가 올라와서 네가 원하는 유니온 플라자 5층 창가 병실로 입원한다고 전해준다.

"주님께 직통 전화가 된 것인가?"

나는 얼마나 신기한지 몰랐다. 하나님이 이렇게 생각지도 않은 나의 소변으로 이런 기적을 베푸시다니, 나는 모른다, 이 죄인을 왜 이렇게도 사랑하는지를….

하나님께는 불가능이 없으시다. 그저 기도로 간구하면 이런 기적을 행하신다. 놀라운 방법으로.

그 후 나는 주치의한테 소변검사를 받았는데 정상으로 나왔다.

나는 매일 아침 어머니와 함께할 점심식사를 준비했다. 잡곡밥과 5가지의 반찬을 준비하여 출근한 다음 오전 11시 30분에 오피스에서 나와 어머니에게 갔다. 일주일에 5일을 함께 점심을 했고 토요일은 넷째가, 주일은 셋째가 점심을 준비했다.

병원 음식보다 집밥을 좋아하시니 하루도 딸들이 방문하지

2016년 93세 어머니 마지막 생신상

앉는 날이 없었다. 입는 옷도 제일 좋은 것으로 준비해 매일 갈아입혀 드렸다. 창가의 화분과 꽃, 머리맡에는 십자가와 어머니가 좋아하는 옛날 사진들, 새 침대에 예쁜 벽지로 방안을 치장해 드렸다.

사실, 이민생활이 바쁘고 힘들다 보니 너싱홈에 입원한 노인을 정기적으로 찾아가기가 어렵다. 그러나 우리 남매는 돌아가면서 하루도 빠지지 않고 어머니 봉양을 했다. 93세 생일날에는 생일상을 차려드렸다. 새 옷을 입은 어머니가 꽃과 풍선, 카드로 가득한 생일상 앞에서 간호사들과 함께 찍은 사진이 어머니의 마지막 모습이다.

어머니는 돌아가실 때까지 8개월간 그곳에 머무셨는데 처음에는 건강이 좋아지시는 듯하다가 2월 첫 주 감기가 독감으로 다시 폐렴으로 악화되면서 소천하셨다.

돌아가시는 날, 물도 못 드시고 의식이 거의 없어 숨도 몰아쉬시기에 눈동자를 보니 이미 동공이 확장되어 있었다. 나는 어머니 얼굴을 안고서 말했다.

"엄마, 천국 문에서 에디가 엄마 마중 나올 테니 하나님께 잘 가셔요."

눈물이 어머니 얼굴에 떨어졌다. 그 순간 거의 혼수상태이던 어머니가 눈을 번쩍 뜨시고 나를 올려다보시어 가슴이 철렁 내려앉았다. 그리고 몇 시간 후 소천하셨다.

그동안 손자 에디의 죽음을 노인이 충격 받을까봐 차마 알리지 못하였었다. 동생들에게 당부를 하여 어머니는 몰랐다.

에디가 살아있을 때에는 회사 세미나로 출장을 가면 에디가 사는 곳에 들렀다오곤 했다. 그런데 한동안 에디에 대한 이야기가 없어서였는지 어머니는 "왜 요즘 에디가 뉴욕에 안 오냐?"고 종종 물으셨다.

"너, 요번에 가면 꼭 에디한테 들러서 와라."

"그 못된 녀석과 싸워서 안 본다고 했으니 엄마 더 이상 묻지 마세요."

그때마다 나는 억장이 무너지고 눈물이 쏟아져 소리를 지르고 돌아서고는 했다. 어머니는 넷째에게 물었다고 한다.

"왜 언니가 에디 얘기를 하면 화를 내고 우냐?"

"에디 얘기하면 언니가 속상해 하니 다신 묻지 마세요."

동생은 어머니께 그렇게 당부했단다.

어머니는 뉴욕에서 43년을 사시고 아름다운 화원처럼 가득한 꽃 속에서 사랑하는 가족, 지인들과 이별했다. 2월 17일, 양쪽 교회 목사님과 교인들의 천국 환송예배를 받으면서 하늘나라로 소천하셨다.

## 남편의 구원과 소천

아들이 갑자기 죽자 남편은 너무 큰 충격을 받았고 트라우마가 왔다. 우울증 증세에 감정의 기복이 심해졌고 작은 일에도 분노를 나타내더니 작은 일상에서도 건망증이 심해져 갔다.

'나이가 들면 자기 친구들도 다 깜빡깜빡 잊어버린다.'고 하는 나의 걱정에 그는 오히려 더 화를 냈다.

입맛도 잃어가는지 생전 반찬 투정을 안 하던 사람이 무슨 음식이든지 짜다면서 물을 부어버렸다. 식사양도 점점 줄어들더니 2여 년 동안 체중이 35파운드나 줄어들었다.

주치의 닥터 리는 내 요청대로 신경내과 알츠하이머 전문의 닥터 한에게 진찰을 받게 했다. 내 짐작대로 치매 초기를 넘었다고 했다. 그래서 치매 증세를 늦추는 몇 가지 약을 복용하게 되었다.

그는 운전을 하면서 길을 잃어버리고 20년간 매일 산책하던 동네에서도 집을 찾아오지 못하더니 6년 후에는 중중을 넘어섰다. 딸도 못 알아보고 인지능력을 거의 다 잃어갔다. 치매약이 입맛을 돌게 해 다행히 체중은 28파운드가 더 늘었다.

나는 에디의 장학재단에 마지막 남은 10만 달러를 기부한 뒤 한 달에 두 번만 오피스 미팅에 참석하고는 주로 남편 옆에서 병수발을 했다.

아침 7시에 집에서 예배를 볼 때 옆 소파에 그를 앉힌 다음 내가 하는 주기도문을 따라 하게 됐다.

"나는 죄인입니다. 주님 용서하여 주옵소서."

나를 따라 하는 그에게는 순한 착함만 있었다. 기도하는 순간만은 그랬다. 그는 거의 6개월간 아침마다 나를 따라 그렇게 했다. 비로소 나는 50년간 그의 구원을 바라는 내 기도가, 남은 생이 얼마 되지 않은 그의 말년에야 응답이 됨을 느꼈다.

나는 집안에서 종일 남편의 하루 세 끼 식사와 시중을 들었다. 몸에 좋다는 영양제, 비타민을 모두 챙겨 먹이며 병수발을 했다.

남편은 25년 전에 세례를 받은 후 다시 생활이 정상으로 돌아가면서 나와 함께 가던 주일예배를 가지 않았었다. 다시 옛날처럼 주일이면 골프를 치러갔다. 그리고는 교회에 대한 핍박이 더 심해졌다. 그에게서 나갔던 마귀가 다시 여러 마귀를 데리고 들어왔다는 성경말씀처럼 나를 너무 힘들게 했었다.

치매에 걸린 남편은 7년째 접어드니 미국 생활 50년의 기억을 잊어버리고 나를 "엄마"라고 불렀다. 그의 나에 대한 통제와 구속, 그리고 교회에 대한 비난과 핍박도 다 없어지고 정말 바보처럼 너무 기가 막히게 비참해졌다.

그리고 5살 어린 나이, 자기의 고향 청주시 백현에 어머니와 살던 기억만 남아 시시때때로 엄마를 부르고 집으로 가자고 생떼를 부리고 때론 폭력적으로 나왔다.

50년간 그와의 결혼생활은 가장으로서의 경제적 의무, 두 자녀 양육에 대한 아버지의 책임 등은 내가 잘 알아서 하니까 전혀 관여하지 않았다.

집이나 건물 모기지와 세금, 대학 학비 등에 대해 알지도 않았고 부동산 브로커로 유명해진 내가 수입이 많은 것을 알면서도 "올해 얼마를 벌었냐?", "통장에 얼마가 있느냐?"조차 일체 물어보지 않았다. 몇 번 헤어질 결심을 할 때마다 하나님은 내가 징벌을 내려 다시 화합하게 하시므로 나는 이 남편과 죽을 때까지 살아야 함에 순종해야 했다.

성격적으로 가정적이 아닌 남편이지만 어렸을 때 서로 만나 첫사랑에 대한 집착인지 남편은 나와 헤어지는 것을 상상을 못할 정도로 강경했다. 또 그에게 좋은 점도 많았던 것은 사실이다.

나의 남편처럼 집안일을 잘 도와주는 가정도 없을 것이다. 워낙 깔끔하고 예민하여 자기가 잔 잠자리, 화장실, 집안 어디든지 늘 반짝반짝 청소를 했다. 나는 정원의 낙엽이나 눈을 40여 년 주택에 살 때도 한 번 쓸어 본 적이 없었다.

내게 물 가져오라는 등 남편 시중을 한 번도 시킨 적이 없고 다만 세 끼 밥과 빨래만은 내 차지였다. 나 역시 짐 정리엔 신경을 써서 우리 집은 언제나 단정하게 정돈되고 말끔해서 큰 집에 청소 하는 사람을 두지 않고 살아왔다.

그리고 무엇보다도 남편은 남자들이 치근대는 그러한 것에서 울타리처럼 보호해 주었다.

이렇게 깔끔한 남편의 의지와 인성이 무너지고는 늘 옆에 있어야 했다. 침상에서부터 세 끼 식사, 용변, 목욕까지 다 돌보아야 했다.

그리고 과격한 행위로 나를 위협했고 내 신변에 위험이 왔다. 나의 혈압은 200이 넘어 갔고 환자보다 먼저 내가 쓰러질 지경이 되었다.

대소변을 가리지 못하는 것은 물론 집안에서, 층계에서 여러 번 낙상을 했다. 결국 딸아이의 강한 압력으로 어시트 너싱홈에 입원을 시켰다. 사립양로원이다 보니 1년에 요양비가 18만 달러이지만 더 이상 내가 집에서 보살필 수가 없었다.

7년간 병수발을 하는 내게 심하게 욕하고 때리고 하던 일들은 그를 붙들고 있는 악한 마귀가 한 것, 집에서 나가 너싱홈으로 들어가는 그를 보니 어린 자식을 밖에 내놓은 어미처럼 애처롭고 너무 불쌍하였다. 내 마음 깊은 곳의 상처와 섭섭함들이 모두 다 용서가 되었다.

그런데 남편은 너싱홈에 들어간 지 3시간 만에 심하게 머리를 부딪쳐 넘어졌고 바로 응급실로 갔다. 심장 맥박이 30도 안되어 병원에 입원을 한 것이다. 그의 치매는 더욱 악화됐다. 병원에 있은 지 열흘 후, 몸 상태가 급격히 약화된 채로 다시 너싱홈으로 갔다.

세상은 코로나19 팬데믹으로 모든 것이 정상이 안 되는 시기였다. 남편과도 면회가 되지 않았다. 유리창으로 겨우 모습을 볼 수 있었다.

12월 겨울, 창밖에서 남편의 얼굴을 들여다보면 나를 알아보지 못하는 것은 물론 정신줄을 다 놓은 채 망각 상태에서 헛소리를 하고는 했다. 그 모습을 보며 한참씩 울고 오곤 했다.

치매처럼 몹쓸 병이 어디 있던가. 지성과 인성이 다 상실된 환자의 모습인 남편을 보며 참으로 삶이 허망하고 허무했다.

나는 주님께 기도했다.

"저렇게 남편의 상태가 심하니 이제 그만 주님께서 불러주세요."

언니와 몇 지인에게도 기도 부탁을 했다.

그곳에 입원한 지 두 달이 넘은 12월 중순, 남편이 입원한 너싱홈에 코비드가 퍼져서 13명의 환자가 나왔다. 남편도 코비드에 감염되면서 매일 병세가 중해졌다.

나는 주님께 서원 기도를 했다.

"주님께서 남편을 불러주시면 그의 요양원 비용으로 예비한 30만 달러를 자선 사업에 기부하겠습니다."

12월 28일, 창밖에서 들여다본 남편은 코비드로 반 혼수상태였다.

내가 너싱홈에 있는 어머니에게 매일 식사를 준비하여 점심 수발을 하는 것을 보고 '너, 꼭 그래야 하느냐?'고 묻던 그였다.

"당신이 아프면 내가 똑같이 그렇게 봉양하고 간호할 것이다."

그렇게 약속했는데 근 3개월 그의 마지막 가는 길에 물 한 번 먹이지 못하고 손도 잡아주지 못하는 처지가 되었다. 목이 메도록 펑펑 우는 나를 보고 의사가 "면회 오지 말라."고 했다.

그 다음날 아침, 차마 그를 볼 용기가 나지 않았다. 고모에게 "오빠에게 가거든 사진을 찍어 보내 달라."고 부탁했다.

주치의는 앞으로 1~2주일은 살 거라고 했었다. 그 다음날 아침, 침대에서 일어나는데 하나님의 음성이 강하게 다가왔다. 세 번째 강한 하나님의 음성이었다.

"오늘 네가 기도한 대로 남편을 천국으로 데려간다."

그 순간 내 고통이 다 사라졌다. 하나님께 대한 감사와 평안이 왔다.

나는 너싱홈으로 가서 간호보조원에게 남편에게 좋은 옷으로 갈아입히게 하고 집에서 가져간 그의 하얀 이불도 덮게 했다.

"오늘 당신, 요단강 건너 천국으로 들어가니 천성문에 에디와 어머니가 마중 나올 거야. 여보야! 요단강 잘 건너가."

창밖에서 거의 의식이 없는 남편에게 크게 말하였다.

"주님이 오늘 남편이 천국으로 간다고 하셨으니깐…"

나는 기도를 해주고 기쁜 마음으로 집으로 돌아왔다. 그리고 몇 시간 후 남편의 사망 소식을 전해 받았다. 2020년 12월 30일이었다.

50년간 그의 구원의 기도에 응답하신 하나님, 하나님, 감사합니다. 감사합니다.

그가 구원을 이룰 때까지 나로 하여금 기도하시게 한 하나님, 죄인인 나를 사랑하신 하나님이시다.

## 배신과 용서

나의 삶 속에 많은 사람들과의 만남이 있었다. 친척, 교인들, 친구들, 그리고 1천여 명이 넘는 나의 고객들, 또 병상에서 만난 환자들…. 내가 평생 가졌던 간호사와 에이전트, 두 가지의 직업은 모두 사람과의 관계에서 이뤄지는 것이다.

나의 두 번째 비즈니스를 창업하게 한 후배 란(Ran)은 좋은 인연이자 내 평생의 인연이다. 그런가 하면 많은 상처와 아픔, 배신, 또 동기간의 불화에서 오는 아픔과 상처. 가장 가까운 남편에게서 오는 평생의 어려움, 자식들의 성장과정에서 오는 수많은 고난들. 나보고 다시 젊은 날로 돌아갈래 하면 나는 단연코 '네버(Never)' 하고 고갯짓 할 것이다.

평생 직장, 집, 교회 이외는 골프 한번 치지도 않았고 남편의 통제 아래 저녁에 누구를 만나서 놀러 다닌 적도 거의 없다. 그렇다고 세속적인 욕망이 없었던 것은 아니지만 그럴 때마다 나는 가난한 제3국의 오지에서 선교하는 주의 귀한 금그릇 같은 이들을 생각하면 나의 육적인 감정은 극복되어졌다.

남편에게서 받는 많은 스트레스와 고통이 도사린 집이 선교지에서 받는 고난으로 생각하게 되었다. 사랑으로 베푼 은혜를 배신과 모함으로 갚는 교인, 동기간, 지인들에게서 오는 상처와 아픔은 나를 참으로 힘들게 했다.

그리고 사랑하는 내 아들을 죽음으로 몰고 간 그의 처였던 멕시칸 여자를 용서해야 하는 참으로 어려운 숙제가 있었다.

시간이 지나면서 그 아픈 상처는 많이 엷어졌다. 그러나 성령의 힘으로, 복음의 말씀으로 용서가 내 안에 이루어지는 치유함은 있지만 '축복'의 기도는 나오지 않았다. 축복까지는, 참으로 주님만이 할 수 있는 일이었다.

"주님, 나는 주님 나라에 작은, 깨지기 쉬운 질그릇입니다. 용서하옵소서."

이런 일이 있었다. 시온찬양대 총무로 일하던 S집사가 "권사님, 남편이 부동산 자격증을 따고 한인 작은 오피스에서 일하는데 실적이 없어요. 어떻게 권사님과 함께 일할 수 없을까요?" 한다.

그녀의 간청에 남편인 H집사를 나의 바이어팀에 넣었다. 브롱스에서 운영하던 큰 가구점 문을 닫고 아무 소득이 없어 어려운 형편을 아는지라 영어가 부족한 그를 한인 바이어들의 작은 일들을 돕게 하면서 1년에 4만 달러를 주어 생활을 하게 했다.

그런데 S는 찬양대 총무직을 그만두고 다음해 여름 교회출석을 안 하더니 남편과 결별한다고 했다. 자신의 비즈니스에 도움을 주고자 남편에게 한국의 어머니가 준 부동산을 팔아달라고 했으나 남편이 자신의 요구를 거절한 이후 생긴 일이라 했다. 이들은 각각 세 번째 만나서 사는 부부였다.
　어느 날, H집사는 저녁에 귀가해 보니 아내가 가방 두 개에 H의 짐을 싸서 대문 앞에 놓고 자물쇠를 바꾸어 집에 들어오지 못하게 했다고 말한다. 렌트로 준 한국집에서 나오는 돈, 자신의 연금, 내가 주는 급여를 다 아내에게 주어 아내 이름으로 입금되는데 며칠 전 자신이 발급한 50달러짜리 수표가 부도가 났다면서 자신은 현재 무일푼이라고 한탄했다. 그 처지가 참으로 한심했다.
　"아내가 마음을 돌이켜 돌아오는 것이 불가능하다면 H의 연금과 내가 주는 돈은 따로 구좌를 만들어 앞날의 대책을 세워야 하지 않겠나?"고 말해주었다. H가 구좌를 자기 이름으로 바꾼 지 얼마 후인 9월경 교회 안에 소문이 났다.
　S가 "남편이 바람이 나서 자기와 이혼을 하려고 한다."고 말한 것이다. 12월초에는 한국방문을 하러간 S가 찬양대원들에게 이런 이메일을 보내기도 했다.
　"박권사가 교회에서 거룩한 척하면서 자기 아들 죽은 고통도 모자라 자기 남편과 영적 간음과 불륜관계라고 하니 가증스럽다. 이런 위선자라는 것을 알리려고 이메일을 보낸다."

내 생전 이런 중상모략을 받다니, 더구나 가슴을 찢는 비유라니, 너무 억울하고 기가 막혔다. 교회 안에 이런 말도 안 되는 소문이 다 돌았으니 어떻게 얼굴을 들고 교회에 나가라는 것인지. 완전히 나를 교회와 사회에서 매장시키려고 작정을 한 것이다.

"주님, 왜 내게 이런 시련이 오는지요?"

시온성가대는 주로 나이든 권사, 장로들로 구성되어 신앙의 연륜이 오래된 믿음 깊은 찬양대이다. 나는 즉시 H집사를 해고했고 그는 교회를 떠났다.

S는 남편과 이혼을 하려고 그 구실로 나를 모함했다. 자긴 나와의 불륜관계로 남편과 이혼할 수밖에 없다는 것이다.

그 부부간에 어떤 갈등과 다툼이 있었는지 잘 모르지만 내게 사악한 짓을 하였다.

나는 아무 변명을 할 수 없었다. 장로님은 진실이 아닌 것은 오래 가지 못한다고 잠잠히 있으라 하고 동료 지인들은 나를 위로한다고 점심을 사주곤 했다. 그렇게 나는 거의 3주 동안 억울함과 고통으로 잠도 못자고 제대로 먹지도 못했다.

그러는 동안 이 사실이 남편에게 알려졌다. 남편은 "내가 에디 엄마를 잘 아는데 중상모략을 한 S가 한국에서 오면 입을 찢어놓겠다."고 분노했다.

마음을 내려놓자고 했지만 억울한 마음이 사그라지지 않아서 그해 12월 31일 마지막날 오후 2시경 황목사께 나를 위한 기도를 부탁했다.

목사님 기도 중에 요셉의 고난 꿈, 보디발 아내의 중상을 말씀하는 순간 갑자기 위로부터 하나님의 영광이 내게 임했다. 납덩어리처럼 무겁던 것이 가슴 밖으로 나가면서 하늘의 평강이 내 영혼에 임한 것이다.

20대 청년인 요셉은 애굽사람 보디발 아내의 유혹을 거절한 대가로 누명을 쓰고 감옥에 갇힌다. 변명 한마디 하지 않고 모든 것이 박탈된 채 감옥으로 갔다. 70세인 나는 주님이 나의 결백을 아는데 왜 저 죄인들의 모함에 내 믿음이 이렇게 무너져버린 것인가.

나는 나의 믿음이 한심해졌다. 주님께서 아시는데 누가 모함을 할지언정 나는 흔들리지 말아야 하는 것이다. 믿음 없음의 회개가 나오면서 나는 그 모함의 고통에서 완전히 치유되었다.

그리고 나의 지인인 찬양대 조교수가 S에게 이메일을 보냈다. '박권사를 아는 모든 교인들은 당신의 모함적인 말을 믿는 사람이 없으니 당신은 많은 것을 잃었다.'는 메시지였다.

그 후 나는 나를 믿어주는 교인들에 의해 떳떳하게 찬양대에서 주님을 찬양할 수 있게 됐고 인연을 끊은 두 사람의 행방에는 관심이 없었다.

살다보면 이러한 모함이나 배신을 당하는 일이 자신도 모르게 발생한다.

첫 직장인 리맥스에서 14년 동안 일하면서 퀸즈 전역에서

65명의 우수 에이전트의 실적으로 성공시킨 것이 나였지만 켈러 윌리엄스 창업으로 회사를 떠나자 가장 먼저 배신을 때린 것은 회사 사장과 나와 일한 브렌던이었다.

회사는 내가 남겨둔 20여 채의 매매 커미션을 제대로 주지 않았고 먼저 언급한 브렌던은 나를 배신했다. 수년간 함께 일하면서 나의 비즈니스 노하우를 습득했으니 자신도 나 이상으로 성공할 수 있다고 생각한 것이다. 그래서 사장과 결탁하여 켈러 윌리엄스 창업에 어떻게 해서든지 훼방을 놓으려고 했다.

급기야 브렌던은 나의 모든 오픈 하우스에 에이전트의 참석을 막았고 법적 대응까지 하려했다. 할 수 없이 지역본부장에게 의논을 했다. 기업 변호사에게 '브렌던이 KW기업의 모든 정보를 탐색했다'는, 기업간의 레드 라인으로 고소하겠다는 통보를 하자 그때서야 더 이상 나를 걸고 넘어가지 않았다.

브렌던은 가져간 나의 고객 명단으로 2007년 첫 해 25만 달러의 실적을 올렸지만 나의 고객들, 중국인들까지 그를 거부했고 내게 돌아왔다.

나는 1만 장의 포스트 카드를 나의 고객들에게 발송하여 켈러 윌리엄스를 홍보했다. 결국 그는 4년을 버티지 못한 채 이직했고 리맥스 오피스도 나의 탈퇴 이후 10년을 버티지 못하고 문을 닫았다. 내가 그곳을 나올 당시 뉴욕에 15개이던 리맥스는 지금 3개만 존재한다.

## 요셉의 창고
- 청부의 섬김

　간호사 월급 때는 사는 데 별 불편 없는 중산층 생활이었지만 그때그때 성령께서 도우라고 말씀하시는 구제나 기부에는 큰 도움이 안 되었다. 그 시기에 교회 재정부에서 일하다 보니 교회 재정은 매년 부족했고 자식들의 대학 진학, 주일 지킴의 신앙적인 어려움이 모두 내게 큰 도전이 되었다.
　과감하게 제2의 커리어로 전환하면서 주님께 기도를 안 할 수가 없었다. 하나님은 이런 나의 간절한 기도에 응답하시고 30년 이상 내가 구한 것보다 더 풍성히 축복하셨다. 그래서 내가 열심히 일해 번 돈으로 명품 구입을 하려면 주님께 기도하고 구입했다.
　나는 나의 재물이 하늘 곳간 요셉의 창고에 있는 것이라고 믿었다. 내가 고객에게 사주려던 힉스빌의 상가 건물을 주님께서 구입하라고 하실 때 그것은 하나님 나라를 위해 쓰여질 것으로 인정했다. 그래서 나는 새로 이사한 롱아일랜드 로슬린의 집 에퀴티 론을 받아 그 건물을 샀다.

30여 년 해오던 가발상이 사양길에 접어들면서 2000년에 은퇴한 남편에게 관리를 맡게 함으로써 50대 중반의 남편에게 큰 소일거리와 함께 자존심을 심어줄 수 있었다.

그러나 부촌이 아닌 힉스빌 6개의 상가는 예상에 못 미치게 자주 점포가 빌 때가 많은데다가 바로 그 다음해 9·11으로 경제가 얼어붙고 보니 상가 반이 비어버려 심한 타격이 왔다. 렌트는 오르지 않는데 건물 세금은 2배 이상 올랐다.

재융자를 받아 고비는 넘겼지만 가게 하나는 늘 비워져 있었다. 그리고 수리나 세입자들의 불평 등 관리가 어렵게 되면서 남편은 스트레스를 받아 화를 자주 내고 하니 내가 더 힘이 들었다.

에디가 세상을 떠난 두달 후 현금으로 살 테니 싸게 팔라는 매입자가 나섰다. 아들 상실에의 고통으로 살 용기가 안 날 때라 헐값으로 팔고 보니 십여년 모기지 갚은 만큼의 돈이 남았다. 또 20여 만 달러가 판매 세금으로 나갔다.

상가 건물을 판매한 금액으로 2014년 안산에 혼자 사는 언니의 셋방살이 설움과 어려움을 해결해 주었다. 방 2개짜리 15평 빌라를 구입하여 매년 달동네를 전전하던 서러움에서 벗어나게 했다. 그리고 빌라를 은행에 저당 잡혀 리버스 모기지를 신청하여 다달이 생활비가 나오도록 조치해 주었다.

그동안 웨스버리에 거주하던 남편의 막냇동생 고모가 모기지 체납으로 집이 은행에 차압되어 지하실 방에 혼자 살고 있었다. 더글라스톤에 침실 1개인 2층 콘도를 현금으로 구입하여 입주시켜 극빈자의 셋방살이 어려움에서 벗어나게 해주었다. 고모가 네일 가게에서 벌어오는 형편대로 다달이 세금과 관리비용을 주는 것으로 했는데 코비드로 인해 가게가 문을 닫자 매달의 관리비를 몇 년간 내가 부담해 왔다.

남편과 동갑내기 사촌오빠도 주택경기가 하락하면서 구입한 집 모기지가 현 시세보다 더 많아지고 세탁소 사업도 하향이라 생활고에 처했을 즈음, 사는 지역 근처에 웰스파고 은행에 차압된 수리가 된 아담한 랜치 스타일 집을 돈을 빌려주어 구입하게 했다. 나중에 집을 팔면 내 빚을 갚기로 하고 이사시켰다.

원래 살던 집은 렌트를 주어 모기지를 내게 했다. 주택경기 하락 때는 은행에서 차압으로 나온 주택 매물들이 현 시세보다 거의 30% 저렴한 가격으로 매매된다.

2020년에 80세를 바라보는 노년인 사촌은 30년간 운영하던 세탁소 문을 닫았다. 그 이후 워낙 손재주가 좋은 사촌은 집을 구석구석을 단장해 2020년 구입한 가격보다 배 이상의 좋은 가격으로 판매하여 내 빚을 갚았다. 그리고 커네티컷 지역 은퇴촌에 방 2개 있는 콘도를 저렴한 가격으로 현금 구입하여 이사했다.

주택가격이 다시 상승하면서 렌트 준 사촌의 집은 산 가격보다 더 많은 가격이 올랐다. 7년간 모기지를 렌트로 다 감당하고 팔게 되면 몇 십 만 달러의 은퇴자금이 생긴다. 사촌은 예수를 안 믿어 교회 나가라고 권하면 "얘, 네가 내 하나님이다." 고 했다.

믿음은 말씀대로 주님이 주시는 것 같다. 나는 간호사 시절부터 세금이 공제되는 은퇴저축 자금이 서너 번의 스탁 마켓 사이클을 거치면서 IRA에 있지만 남편은 은퇴자금이 없어 롱텀 케어(Long term Care, 장기간호보험)를 들라고 권했지만 기분 나쁘다고 막무가내로 거절했었다.

미국의 노후 건강보험은 은퇴하여 죽을 때까지 개인당 25만 달러가 의료비의 통상적인 수치이다. 그래서 프루덴셜(Prudential)에 그 사람 몫으로 연금을 들어 작년에 7년 만기로 끝났다. 주님과 서원한 대로 남편의 몫을 나눔하우스 셸터 구입으로 20만 달러 익명으로 기부하였다.

가까운 지인에게도 베이사이드 코압 구입비로 돈을 빌려줘 입주하게 하고 2년에 걸쳐 장로님 형제들에게 빌려준 돈을 갚게 하였다.

이처럼 아들이 세상을 떠난 그 해에 여러 명의 친지와 지인을 도와 주택 문제를 해결하였고 기부기관에도 평소보다 더 풍성하게 도와줄 수가 있었다.

작년에 집을 팔고 콘도를 산 후 남은 돈 20만 달러 중 10만 달러는 나눔하우스 셸터 구입에 익명으로 기부하고 나머지 10만 달러는 혼자 사는 셋째 동생의 콘도 수리를 해주고 집안 가구 일체를 새로 들여 주었다. 동생은 하나 뿐인 딸 제니가 LA에서 집을 팔고 남편을 따라 독일로 이주하고 난 뒤 심한 우울증에 빠져있었다. 그래서 새로 단장된 집에서 위로를 받고 편안한 노후를 보내게 해주었다.

그리고 그동안 고모의 콘도 모기지 세금과 유지비가 내 몫이었는데 나는 더 이상 짐을 지고 싶지 않았다. 고모의 두 자녀가 모두 시집 장가를 가서 자식들을 낳고 넉넉한 생활을 하고 있지만 자신들의 어머니는 늘 내 차지였던 것이다.

나도 인간인지라 섭섭하기도 하고 아직도 안고 가야할 짐이 부담스러웠다. 남편이란 십자가와 내 주위 내가 짐이 되는 관계는 다 정리하고 싶었다.

이제 이 조용한 연못가의 내 처소에 있으면서 세상 누구와 연결된 짐으로 인해 스트레스를 받고 싶지 않았다. 하나님의 평강으로 편안하게 남은 삶을 살고 싶었다.

그래서 고모의 아들에게 현 시세보다 10만 달러 저렴한 가격으로 작년에 양도했다. 남은 돈은 딸네집 모기지를 갚아 년 4만여 달러의 학비 부담을 덜어주고 언니와 막내 조카 등 서너 명에게 남은 돈을 모두 선물로 나눠주었다. 언니는 1만 달러를 받고 너무 좋아서 잠을 못 잤다고 했다.

매년 2015년부터 5년간 장학재단 50만 달러, 파나마 플라지온 건축비, 우크라이나 키이우의 선교비, 내가 운영하는 오피스의 에이전트를 돕는 선샤인 펀드, 여러 기부기관 스폰서 아동 11명 등 200만 달러 이상이 지출되었다. 또한 틈틈이 시온찬양대를 비롯 주위 어려운 이들도 돕고 있다. 이 모든 것이 아들의 죽음에서 시작되어 요셉의 창고에서 7년간 지출되었다. 주님 나라를 위해 요셉의 창고에서 생명을 살리는데 지출된 것이다.

작년 여름에는 우크라이나 정광섭 목사님이 김전도사에게 교회 수리비용 견적서를 보내왔다. 우크라이나 오데사 선교지에 김전도사 시어머니가 유언하신 교회가 건립되었었다. 정정식 목사와 정인순(고교 동창 황인순) 부부가 선교사로 사용한 이 교회가 낙후되었고 코비드로 문을 닫은 동안 지붕을 비롯 여러 곳에 수리할 곳이 생겼다는 것이다.

맨해튼 노인아파트에 사는 전도사님, 장로님 모두 여유가 없으시고, 그렇다고 교회가 폐허가 될 형편이라 난감하다고 하셨다. 그래서 그 수리비용을 정목사님께 송금한 적이 있었다. 11월달에 LA에 온 동창 인순이로부터 '혜경아, 고맙다. 인사도 못하고 오데사로 간다'는 메시지를 받았었다.

고등학교 3학년 때 나는 황인순과 같은 반이었다. 키가 작아 제일 앞에 앉던 인순이는 아주 예쁘고 귀엽게 생겼다. 뺨이 발갛던 인순이는 부터 나는 고급 코트에 도시락 반찬으로 계란과 장조림을 가져오는 부유한 가정의 딸이라 우리 모두 선망의 대상이었다. 지금도 베레모를 쓴 인순이가 자신감 있게 말하던 모습이 기억에 생생하다.

림형천 목사님과 2001년에 우크라이나 키이우로 선교여행 갔을 때 정정식 목사님과 인순이는 LA에서 우크라이나 오데사로 선교사 파송을 받은 것이다.

이후 LA 동문을 통해 연락을 주고받다가 인순이와 딸이 뉴욕 로슬린 우리 집에 며칠간 머물다 갔었다. 부잣집 딸이던 인순이는 형편이 아주 어려워보였다.

림목사님이 LA 영락교회로 떠난 2003년 이후 2004년 2대 목사님으로 황인철 목사님이 오셨다. 그때 인순이가 연락을 해왔다.

'인철이가 내 막냇동생이야. 뉴욕에는 아는 사람이 아무도 없으니 네가 좀 잘 해줘.' 하는 부탁이었다.

황목사님도 인순이를 닮으셨다. 나는 목사님 이상의 친밀한 감정이 늘 있었고 가끔은 목사님께 작은 배려로 떠나실 때까지 함께했다.

지난 22년간 우크라이나 키이우 선교 헌금과 13만 달러 건축 헌금 등 20만 달러 이상으로 선교를 도왔다. 정목사님은 이번 우크라이나 전쟁으로 키예프에서 슬로바키아 근처로 피난을 가서 난민과 고아들의 숙식을 돕고 계시다고 했다. 형편대로 두 번의 선교비를 3월과 4월에 보내드렸다.

어떻게 이 왜소한 7순 노인으로 하여금 이것을 가능하게 한 것인가. 나도 나 자신에게 물어본다.

깊은 기도 안에서 주님의 사랑이 우리에게 채워지면 우린 선교와 고난당하는 심령을 도울 수 있는 성령의 능력을 받는다. 하나님은 그런 자들을 통해 요셉의 창고를 축복하시고 물질은 주님이 기뻐하시는 사역에 쓰시는 것이다. 그래서 나 스스로를 자랑할 것이 아무것도 없음을 고백한다.

내가 한 것이 아니라 주님께서 모두 하셨고 '이제 네게 베푼 은혜를, 하나님의 능력을 증거하라'고 강권하시며 모든 여정을 인도하시고 나의 이 간증을 통해 믿지 않는 사람들에게 복음으로 받아져 구원 받기를 바란다. 나 같이 믿음 없는 평신도도 주께 온전히 의지하고 성령 안에서 순종할 때 하나님의 하늘나라가 확장되심을 안다.

주님이 축복하신 요셉의 창고로 조금이나마 청부의 사명으로 감당하게 하신 주님께 영광 돌린다.

## 나와 동행하시는 하나님

내 평생의 삶 가운데 나는 8개의 의무와 책임을 감당하는 모자들(Hats)이 있었다.

1. 남편 부양하는 아내의 모자.
2. 두 자녀 엄마의 어머니 모자.
3. 비즈니스 우먼의 사업과 부양의 모자.
4. 네 손주들의 할머니 모자.
5. 권사로서의 신앙의 모자.
6. 청지기로서 봉사, 청부의 모자.
7. 어머니 부양을 위한 자식의 모자.
8. 나 자신을 위한 할리(Holly) 모자이다.

모든 이 세상 아내와 어머니들에게 주어지는 이 삶의 의무와 책임들을 나는 한눈팔지 않고 성실하게 최선을 다해 50년을 감당하며 살아왔다.

이제 올해로 은퇴하여 나의 7개 모자들의 의무와 책임을 내려놓고 보니 제일 마지막 모자 할리, 나의 모자만 남아있다.

남편이 그토록 사랑했고 정이 들었던 24년간 거주한 집을 팔고 교회 근처에 새로 지은 55세 이상 은퇴자를 위한 단지의 콘도로 반려견 릴리와 이사를 했다.

나의 집은 침실 2개 아파트 1층으로 거실 앞 정중앙에 연못이 보인다. 교회가 10여분 거리, 마트도 가까워 여러모로 살기 편한 곳이다.

이민생활 50년간 쌓여진 살림살이가 굉장했다. 모두 정리하고 반반한 것은 나눔하우스에 기증했다. 그리고 몇 가지 살림도구와 액자, 옷가방 몇 개로 이삿짐을 줄여서 새 생활을 시작했다. 마치 내 앞에 넘어야 할 마지막 고개를 넘어서 평온한 초원으로 온 것 같다. 삶이란 치열한 투쟁의 전쟁터에서 고향으로 돌아온 퇴역장군처럼, 나는 남은 내 삶의 마지막 날들을 이 평안한 곳으로 주님께서 인도하심에 무한한 감사를 드린다.

세상은 코로나19 팬데믹으로 3년 이상 어두운 사망의 터널을 지나온 것 같다. 이제 러시아와 우크라이나 전쟁은 그칠 줄을 모르니 하루도 편안한 날이 없는 우리의 순례길이다.

나는 70이 넘은 지금, 이제야 아무 고통 없이 아침을 맞는다. 그리고 제일 먼저 주님 앞에서 기도하는 아침 시간이 가장 행복하다. 예배는 내 삶인 것이다.

하나님 품에 안겨 울다

　창밖으로는 아침 햇살에 반짝이며 잔잔히 물결치는 푸르른 연못, 그 위에 한 쌍의 오리가 여유롭게 떠다니고 있다. 평화롭고 조용한 아침, 온 집안에 내 영혼의 힐링을 주는 음악 속에 주님 임재 안의 묵상시간이다. 이 축복의 하루하루는 하나님이 내게 베푼 기적이다. 평안의 순례길로 인도하심에 진심으로 감사하다.

　얼마 전, 'Smile Train' 채널4 TV에서 제3국의 언청이 수술 기금모임에 대해 소개하였다. 아이를 안은 극빈자 어머니들이 언청이 치료 기회를 얻기 위해 오랫동안 줄을 서서 기다리지만 소수의 아이에게만 그 기회가 주어진다. 절망으로 눈물 흘리며 돌아가는 어머니들을 위해 '한 아이당 시술비 240달러'면 된다는 기금모금 방송이었다.

그 방송을 보자마자 나는 5명을 하겠다고 1,000달러 이상을 기부했고 온종일 너무 기뻤다. 일생 소원인 언청이 치료 수술을 받고 앞으로 정상으로 살아갈 아이들과 어머니를 떠올리니 내 심령 가득 기쁨이 고여 왔다. 정말 '주는 자에게 축복이 임한다'는 주님 말씀이 생각난 하루였다.

그렇다고 해서 나의 은퇴지금이나 노후 생활비 등 전 재산으로 구제하는 것이 아니다. 하늘 곳간에 요셉의 창고를 채우시는 주님의 축복으로 나는 청지기의 소명을 감당한 것이다.

내가 간호사 직업을 그만 둔 뒤로는 그때처럼 병자들을 위한 기도는 못한다. 그러나 근사 체험 후에 오랜 세월 고통당하던 척추와 위궤양의 질병에서 완전히 고침 받았으니 아무리 감사를 드려도 모자라는 은혜의 빚진 자이다.

치유는 하나님의 여러 사역 중 하나이다. 모든 상처와 문제들을 치유하는 하나님, 상심한 마음을 위로하시고 다시 하나님의 자녀로 회복시키신 분, 비록 육신의 아버지의 정은 모르고 자랐으나 하늘에 계신 내 영혼의 아버지는 늘 나와 함께하신다. 내 인생의 여정 속 광풍에서 나를 지키신 내 생명의 하나님이시다.

지금 내 곁에 남은 딸, 제니와 4명의 손주들이 있다. 제니는 대학 동기인 막(Mark)과 졸업 후 5년간 교제 하다가 30대 초반에 결혼하였다. 유럽계 막은 심성이 아주 착하고 겸손하여 평생 화내는 것을 이제까지 본 적이 없다. 훌륭한 내조자의 남편이고 두 딸에게 아주 귀하고 좋은 아빠이다.

제니는 뉴욕에서 유명한 기관 웹 사이트(하버드, 스미스 박물관 등)에서 하이 프로파일의 재능으로 상을 많이 받았고 무엇보다도 아름답고 든든한 가정을 우선으로 살아오는 것이 참으로 고맙다.

철저한 가정교육으로 키운 두 딸 중 미아 첫 딸이 올해 대학에 간다. 둘째 코딘은 제니의 소질을 이어받은 것 같다. 올해 코딘은 스윗 식스틴(Sweet Sixteen)이다. 13살에 그린 스케치가 메트로폴리탄 전시에 진열되기도 했으니 그 탁월한 재능과 명석한 머리에 성적도 97점을 유지한다.

두 손녀들의 생일이 되면 딸 가족은 내 집으로 온다. 나는 축하 케이크와 선물, 그리고 생일 때마다 1,000달러를 대학 학자금 펀드로 넣어주고 있다.

아빠를 닮은 백인 얼굴의 미아, 엄마를 닮아 동양적인 얼굴의 코딘은 둘 다 키는 장신의 아빠를 닮아 내 머리보다 더 커져있다. 딸은 나와는 다른 축복의 삶을 살고 있으니 얼마나 감사한 일인가.

2013년 세미나에 참석하고 캘리포니아 후레스노로 에디를 방문할 때 엄마를 닮은 5살 제임스와 아빠를 꼭 닮은 3살 루이자를 본 것이 마지막 기억이다. 올해 제임스는 13살, 루이자는 11살이다.

4년 전부터 생일 때마다 기프트 카드를 보내고 크리스마스 때는 초콜릿 등 간식을 한 박스 채워 명절을 즐기라고 보내준다. 두 손주들은 에디의 소셜 펀드가 18살까지 지급되고 에디가 남긴 재산으로 로데스는 집을 두 채 장만했다.

큰 집은 자기와 지금 남편, 그와의 소생인 두 자녀, 모두 네 명의 자녀를 키우고 있다. 나는 에디가 남긴 두 아이들을 만나보지 못하는 아픔이 가슴 속에 남아있다. 성장하여 본인들이 친할머니인 나를 찾아오기를 기다릴 수밖에 없는 것 같다. 루이자가 코넬대 수의과를 가서 에디 장학금을 받아 아버지의 뒤를 이을 소망을 가져본다.

2022년 1월말, 켈러 윌리엄스 어워드(Award)를 수상하며 오피스 미팅에 마지막으로 참여했다. 정식으로 켈러 윌리엄스 마켓 파트너십에서 은퇴한 것이다.

창업 15년이 지난 켈러 윌리엄스 프랜차이즈는 미국 아니 전 세계에서 가장 큰 기업으로 성장했다. 2007년에 에이전트가 5만 명이었고 캐나다에 첫 외국기업으로 등록했는데 15년 후에 에이전트가 18만 명에 40개국에 등록된 최대 규모의 부동산 기업으로 발전한 것이다.

'하나님의 기업이니 주께서 축복하심이라.'

나는 이 기업의 성장에 작은 힘이라도 보탠 것 같아 스스로 내 어깨를 자랑스럽게 두드린다. 내가 4명의 에이전트를 데리고 창업한 이후 지금은 7천 스퀘어 피트 면적 사무실에 340명이 일하며 최고 실적을 올리는 이 지역 최고의 부동산 회사로 성장했다.

"할리, 너 잘 했어(Holly! You have done something good!)."

"주님, 주님 나라 갈 때까지 남은 노년의 세월에 주께서 기뻐하시는 선한 일에 저를 인도하시고 요셉의 창고에서 나누고 섬김에 부족함이 없도록 축복하실 나의 하나님, 모든 것을 주님께 영광 돌립니다."

앉으나 서나 걷거나 눕거나 하나님께 드리는 기도, 늘 가까이 있는 성경 말씀, 하나님은 어릴 때부터 지금까지 나를 사랑으로 인도 하신다, 때론 육신의 노화에서 오는 통증이나 보행이 불편해지면 난 내 주치의 하나님께 간구하고 기도가 끝나면 온전히 치료될 때가 많다.

학생 때부터 현재까지, 22년째 아름다운교회 시온찬양대에서 찬양을 해오고 있다. 주일 아침이면 일찍 일어나 교회 갈 준비를 하고 운전을 해 오전 7시면 교회 제단 앞에 도착한다. 나는 십자가 앞에 엎드려 나의 길을 인도 하시는 주님께 감사 기도를 한다. 그리고 7시 30분에 찬양연습을 시작한다. 15년간 제단에서 드린 기도는 코비드로 중단되었다.

"아무 탈 없는 평범한 오늘 하루가 주님의 축복이요 기적임에 감사드립니다. 주님이 지으신 모든 창조물의 신비와 그 생명의 주관자 되시는 창조주의 무한한 능력과 통치를 이제야 깨닫게 됨에 감사드립니다."

주님께 기도하오니 이제 나의 남은 노후의 생이 무가치한 삶으로 헛되이 살지 않게 하시고 내 육신의 노환이 생겨 요셉의 창고에서 메디케어로 헛되이 쓰여지지 않게 하옵소서.

90세 이후의 삶을 원하지 않으니 생일날 주님께서 나를 위해 예비한 평화의 동산 아버지집으로 에디가 가있는 천국으로 소천하게 하옵소서.

"모든 그리스도인들은 하나님 앞에 서서 받은 은사를 어떻게 사용했는지 보고할 때가 오리라. 그때 우리는 진실을 말할 것이요. 이 세상에 한 일에 따라 각각 다른 면류관을 받게 된다."(빌리 그래햄 목사)

## 조카 제임스

　내게는 아들 같은 조카 제임스가 있다. 내게 하나 밖에 없는 언니의 아들이다. 메디칼 센터 졸업반으로 산부인과 시니어 실습을 할 때였다. 언니가 추석날 아침에 진통이 오면서 내가 있는 병원에 입원을 했다.
　명절날이라 산부인과 의사가 병동에 없었고 인턴과 나는 언니의 분만을 도와야 했다. 나는 언니의 첫아들이자 나의 첫 조카인 제임스를 내 손으로 받았다. 그러니까 내가 삼신할멈이 된 것이다. 생명을 직접 받은 환희에다가 내 가족이라는 감동까지, 나는 정말 기뻤다.
　빼어난 미인인 언니를 닮은 제임스는 아기 때부터 인물이 훤하게 잘생겼고 성격도 유순하였다. 나는 주일마다 언니네 집으로 아기를 보러갔고 제임스가 너무 귀엽고 사랑스러웠다. 일년 이상을 언니네 집에 드나들며 제임스를 보던 나는 결혼을 했고 2년 후에는 미국으로 왔다.

그 당시, 언니가 형부와 헤어지면서 제임스는 청주 친할머니 댁으로 갔고 나는 더 이상 제임스를 못 본 채 한국을 떠나야 했다. 형부네 집은 삼형제인데 이중 두 형제가 볼티모어 지역에 일찌감치 이민을 와 자리 잡고 살고 있었다. 한국의 형부도 73년에 제임스를 할머니에게 맡기고 미국에 왔다. 볼티모어에 살며 뉴욕에 와있는 나를 보러왔었다.

남편이 73년에 뉴욕에 온 후 볼티모어로 가서 형부네 삼형제가 사는 곳을 방문하였었다. 형부네 삼형제가 모두 남편과 청주중고등학교 동문이었다. 내가 남편과 5년간 연애하던 시절에 형제들과 자주 만나곤 했었다.

형부는 미국에 온 지 얼마 후 수녀로 있다가 파계한 여인과 재혼을 했고 아들을 낳았다. 그 이후 소식이 끊어졌다. 그러다가 90년도 중반에 남편의 청주 동창회에 같이 갔다가 제임스의 아버지인 형부가 심장마비로 사망했다는 소식을 들었다. 그 때 나는 한국에서 할머니와 함께 있던 제임스가 9살에 아빠 곁으로 왔다는 것을 알았다.

나는 제임스가 늘 그리웠었다. 친엄마 없이 자라 애틋한 마음이 늘 가슴에 있었고 이제는 아버지까지 잃은 제임스의 외롭고 쓸쓸한 처지가 내 가슴에 짙게 다가왔다.

나는 용기를 내어 그에게 편지를 썼다. 자신의 엄마가 죽었다고 알고 있는 제임스였다.

"나는 너의 친모 동생으로 너의 이모이다. 너의 어머니는 서울에 살아있다. 뉴욕에 너의 이모들과 삼촌, 사촌들이 모두 있다. 다들 제임스를 간절히 찾고 있고 너를 보고 싶어 한단다. 그러니 꼭 내게 답장을 해주기 바란다'는 내용이었다.

몇 달 후 제임스의 답장이 왔다. 지금 해군사관학교에 다니고 있고 만나겠다는 것이다. 그래서 20여 년 만에 한 살 때 헤어진 제임스를 뉴욕에서 만났다. 우리 형제들과 그와의 첫 대면이었다.

언니를 닮아 키가 크고 잘생긴 그는 무엇보다도 수녀였던 스텝 마더(Stepmother)의 덕인지 착실하고 진실된 크리스천으로 성장해 있었다. 나는 친어미의 빈 공간을 조금이라도 채우는 사랑을 주고 싶었다. 나를 보러 와서는 내 등에 얼굴을 묻곤 하며 이모인 내가 '엄마 같다.'고 말했다.

나는 기도했다.

"주님, 외로운 제임스에게 좋은 배필을 주십시오."

주님이 나의 기도에 응답하셨는지 제임스는 맨해튼에서 노방전도 할 때 당선이란 여성과 만났다. 예쁘고 착하고 신실한 크리스천인 당선이는 9살에 뉴욕으로 조기유학 와서 줄리아드에서 석사를 하고 예일대에서 박사 학위를 받은 재원이었다. 넘치는 며느릿감이었다.

제임스는 해군사관학교에서 기계공학 석사학위를 받았다. 제임스와 당선이는 해군사관학교에서 멋지게 결혼식을 치렀다. 마치 해군 병사들의 사열식처럼 치러진 결혼식은 참으로 이색

적이고도 경건했다.

　인연이란 참 묘했다. 내가 고등학생 시절에 제기동의 막다른 골목 끝집에 살았다. 우리 집 앞집이 국회의원 조의원 저택이었다. 5명의 딸을 둔 딸 부잣집이었는데 아들을 기다리던 집에 여섯째 낳은 아기도 딸이었다. 나는 그 집 문 앞에 딸 출생을 알리는 새끼줄이 쳐져 있던 것을 기억한다.

　그런데 그 해에 국회의원에 당선이 됐다. 그래서 조의원의 여섯째딸 이름을 '당선'으로 지었다고 한다. 그 당선이가 제임스의 짝이 되고 내 조카며느리가 될 줄이야. 하나님이 제임스에게 준 선물이었다.

　착하고 겸손하며 무엇보다 신실한 크리스천인 이 가정을 하나님은 축복하셨다. 제임스와 당선이는 세 자녀를 낳아 잘 키웠다.

　대령이던 제임스는 장군 직위를 앞두고 2년간 심사를 받았다. 그런데 한 장군의 기각으로 아깝게 장군 심사에서 낙방했다. 미국에서 아시안이 장군이 되기는 어려웠다. 지금 제임스는 워싱턴 DC의 펜타곤에 취직해 해사관련 업무를 하면서 대령 직위에 있을 때보다 더욱 우대 받으며 잘 살고 있다.

　2011년, 나는 한국의 언니를 미국에 초청했고 제임스의 집에서 3일간의 만남이 있었다. 제임스는 내게 종종 연락을 해왔는데 지난 4월에도 편지를 보내왔다.

- 사랑하는 이모에게!

이모, 돌이켜 생각해 보니까 너무 바쁜 생활을 하다 보니. 이모에게 감사하고 사랑한다는 말을 별로 못 드린 채 세월이 흘렀네요. 이제서나마 펜을 들고 몇 자 씁니다.

이모는 저에게 가장 유일한 분이십니다. 제가 존재하는 그 첫날부터 저와 함께 계셨으니까요. 제가 태어나는 날은 마침 추석이어서 병원에 의사들과 간호사들이 별로 없었죠.

그때 이모는 병원에서 간호사 학생으로 근무하고 계셨기에 저를 이 세상으로 맞아주셨습니다.

작은 저의 아기 몸에 처음 따뜻한 이모의 손길을 느끼며 이모- 조카보다 더 깊은 인연을 맺은 것 같습니다. 그 후로 제가 두 살 때 저의 부모님 이혼 때문에 이모와 떨어지게 되었고요. 하지만 이모는 늘 저를 품에 놓아 저를 생각하고 기도해주셨어요. 이모의 염려와 기도 덕분에 저는 친할아버지와 할머니 밑에서 잘 성장하였지요.

하지만 저는 항상 부모님의 사랑이 고팠고 그중에 저도 모르게 이모에 대한 그리움이 담겨있었습니다.

그러면서 한 세월이 지나고 제가 해사에 들어간 해에 이모를 다시 만나게 되었었죠. 그 또한 하나님이 사랑 안에서 인도하신 일이라 믿습니다. 그때 이모를 만났을 때, 이모의 얼굴은 낯설었으나 저는 이모에게로 향하는 저의 애정을 느낄 수 있었습니다.

그리고 저를 향한 이모의 애틋한 정도 같이 느꼈습니다. 그리고 저는 깨달았습니다.

내 앞에 서있는 이 사람은 나의 이모이자 나를 아들같이 사랑하는 어머니 같은 분이시라는 것을요. 그 후로 이모는 진실로 저를 아들같이 사랑해 주셨습니다.

다시 만난 그때부터 지금까지, 이모는 저를 정신적으로 또 물질적으로 아낌없이 저에게 은혜를 베푸시며 사랑해주셨습니다. 제가 사관학교 졸업할 때, 그리고 제가 장가갈 때도 이모는 저와 함께하셨습니다.

저의 아버지쪽, 그리고 새어머니쪽 식구들 보기 불편한 자리들이었지만 저를 응원해 주시느라 먼 길 마다하지 않으시고 그 자리들을 지키셨습니다. 이모의 변함없는 사랑 때문에 조금씩 제 마음에 있었던 허전함과 저의 부모님이 주신 상처가 아물어졌습니다.

그런 가운데 이모도 견디기 어려운 상처를 받으셨지요. 저도 사촌인 에디가 갑자기 사망했다는 소식을 듣고 너무 황망하고 슬펐습니다. 무척 고통을 겪는 이모를 보면서 제 인생 내내 저와 함께하고 위로를 주신 이모에게 조금이나마 위로가 되고 싶었습니다.

몇 년이 지난 지금도 이모는 아들 에디를 견딜 수 없이 보고 싶어 하신다는 것 알고 있습니다. 이모는 예수님의 신자와 제자로써 반드시 에디를 천국에서 다시 만난다는 확신을 가지고 하루하루를 사시는 줄 압니다.

그런 이모의 모습을 보면서 다시 한 번 이모를 향한 존경심

과 에디의 빈자리를 대신 채워 줄 아들처럼 이모 옆에 있고 싶
다는 마음이 가득 찹니다.
　저에겐 엄마 같은 이모, 제 인생에 존재해주셔서 너무 감사
합니다. 많이, 많이 사랑합니다. 이모!

2022년 4월 14일

# 5. 교회 나눔지 게재 글모음

지인과 함께한 7월 어느 날 런치모임에서

## 새해의 기도

영원한 빛이 되신 하나님
시온의 영광이
밝아오는 새아침에
순결한 그리스도의 마음과
새믿음 주사
신앙의 불을 붙여
새롭게 하옵소서

오, 주님!
지나간 한 해 돌이켜보니
주신 사명 감당 못한
한 달란트 받은 게으른
불순종한 죄인의 모습일 뿐
용서하옵시고

당신의 온유와
자비를 베푸소서

영원한 사랑의 하나님
종의 모습으로 세상에 오신 주님
당신의 겸손한 인내와 긍휼이
아가페의 진실한 참사랑이
나의 삶의 지체로 강권하사
십자가의 구원의 길과
복음의 진리를
만인에게 전하게 하옵소서

영원한 목자 되신 하나님
세상의 욕망 마귀의 시험과 유혹
항상 기도함으로
승리하게 인도하옵시고
성령의 감화로
'나를' '세상을' 부인케 하사
십자가의 길
당신의 길을 따르게 하옵소서

영원한 생명의 하나님

나의 영혼과 나의 입술로
주님의 이름만을 찬양하게하사
오직 당신의 일에만 높임을 드려
하나님께 영광과 존귀
범사에 감사와 믿음만이
온전한 나의 소망이요
기쁨의 근원이게 하옵소서

전능하신 야곱의 하나님
사랑하는 나의 아버지
주께 찬양과 경배 드리는
시온의 밝아오는 아침
주님의 한없는 축복과
당신의 높으신 사랑
그리고 하늘의 평화가
주님 지으신 아름다운 세계와
사랑하는 나의 제단에
충만히 임하옵소서
예수님의 이름으로 기도합니다. 아멘.

1996년 1월

## 십일조의 축복

너희의 온전한 십일조를 창고에 들여 나의 집에 양식이 있게 하고 그것을 나를 시험하고 내가 하늘 문을 열고 너희에게 복을 쌓을 곳이 없도록 붓지 아니하나 보라.(말라기: 3:10~12)

내가 병원 간호사로 일하였을 때는 정해진 봉급에서 십일조 헌금 계산이 분명했다. 부동산 중개인은 주택 매매 실적에 따라 받는 커미션이고 보니 일정치 않은 수입에서 십일조 계산에 혼동이 왔다.

그래서 89년 부동산 에이전트로 일한 첫 해에 데이 타이머의 검은 수첩에 매년 1월 1일 송년 신년예배에서 돌아와 1년간 수입 목표액, 중보기도 리스트, 선교비, 원하는 1년의 수입 목표에 10%의 금액을 52주로 나누었고 미리 십일조를 책정하여 헌금해 왔다.

나의 기업의 동역자신 주님께서 올 한 해도 나의 목표를 축복해 주시기를 간절히 기도했다.

나는 이 1년 사무용 비즈니스 수첩을 '블랙 바이블(Black Bible)'이라고 부른다.

신실하신 주님은 7~8월쯤 되면 내가 목표를 정한 것보다 훨씬 더 넘는 금액을 달성하게 하셨다. 그래서 나는 7~8월이 되면 1월에 정한 금액보다 더 올려서 매주 십일조를 헌금하였다. 30년 동안 나의 부동산 비즈니스는 매년 성장했다. 정월초 목표액보다 연말에는 더 큰 수입으로 채워주시는 풍성한 나의 하나님이셨다.

많은 교인들이 하나님께 십일조를 드리지는 않는다. 특히 수입이 클수록 십일조 바치기가 힘들다는 이에게 말하고 싶다.

"그렇다면 당신은 하나님의 엄청난 축복의 문을 닫고 있습니다. 하나님 나라와 그 선교사역과 하나님의 성전에 머리 되시는 교회 사역에 필요한 십일조를 온전히 주님께 드려야 합니다. 우리 삶에 필요한 모든 것 이상을 공급하시는 축복의 통로를 열기위해서입니다. 세례 받은 교인들의 의무이며 마땅히 감사하게, 기쁘게 헌금하는 것이 당연합니다.

내가 그리스도를 위해 나의 것을 내려놓을 때 그것이 헌금이든 구제 선교이든 봉사이든 그리스도 사랑으로 베푼 것은 우주의 법칙, 부메랑이 되어 반드시 내게 돌아옵니다. 줌으로써 얻는 것이지요."

남에게 준 물 한 잔도 주님은 기억하신다. 성경에 헌금에 대한 구절이 구원, 믿음보다 2천 번 이상 쓰여 있다. 헌금액에 대한 비유로 믿음의 강도를 안다고 한다. 십일조는 하나님께서 나의 것이라 하셨고 '네가 나의 것을 도둑질 한다'고 책망하다.

찰스 스텐리 목사의 저서 『내게 맡겨라』에 십일조 헌금하는 교인들을 조사한 통계가 나온다. 이 통계에 의하면 물질의 충성한 축복뿐만 아니라 심령에 평강과 소망, 그리고 기쁨으로 삶의 만족도가 컸다. 수명도 몇 년 더 장수했으며 질병과 사고로 인한 사망도가 훨씬 낮았고 직장에서 승진이 빨랐으며 자녀들이 그렇지 않은 교인보다 더 축복을 받았다고 한다.

미국 이민 50여 년 간 십일조 헌금을 한 이 종에게 풍성히 축복하고 증거함으로 사랑하는 주의 종들이 온전한 십일조를 드려 하나님의 축복을 받기 바란다.

"저희로 너의 착한 행실을 보고 하늘에 계신 너희 아버지께 영광을 돌리게 하라.(마 5:16)는 바울의 고백처럼 이제 내가 나 된 것은 온전히 하나님의 은혜요 내게 있는 모든 것이 주께로부터 왔으니 이 모두가 하나님의 것임을 성령께서 믿음으로 깨닫게 해주시기 기도합니다."

"나의 힘 되시며 능력의 하나님, 나의 모든 것 되시는 생명의 하나님, 내가 주를 사랑합니다. 아멘!"

## 마리아의 옥합

　마리아의 옥합 말씀과 그 귀한 믿음은 요한복음 12장 3절을 통해 잘 알려져 있다. 언니 막달라의 눈총과 불평을 받아가면서도 예수님 곁에서 그 말씀 듣기를 얼마나 기뻐했던가.
　십자가 형틀을 받으시기 바로 전 마리아는 귀중한 옥합을 깨고 삼백 데나리온 값에 해당하는 그의 전 재산인 향유를 예수님 발에 붓고 긴 머리털로 발을 씻어 여인으로서의 최상의 사랑과 헌신의 행위가 늘 내겐 가상스런 믿음과 사랑으로 감동을 준다.
　"너는 나를 사랑하느냐?"
　갈릴리 해변에서 베드로에게 세 번이나 물으셨음은 세 번이나 다짐을 받고 싶으셨던 주님의 위로였으리라.
　"주님, 저도 주님을 사랑합니다."
　자신 있게 대답을 할 수 있지만, 아무것도 주님께 드렸거나,

베드로의 복음과 순교 같은 믿음은 더욱더 없기에 정말 주님 앞에 바로 설 수 없는, 진실로 부족하고 믿음의 행위가 없음을 고백할 수밖에 없다.

네 입술의 찬양만큼 기도만큼 무엇을 했단 말인가. 모리아산에서 독자인 이삭을 제물로 드렸던 아브라함에 순종은 어떠한가. 병세가 악화되어 생명이 위험한 아이를 껴안고 내가 무엇이든지 할 테니 딸만은 살려달라고 한 통곡의 기도는 잊지 못한다.

기도의 응답으로 사랑하는 딸을 바치라시면 당치도 않은 말씀이라도 당장 주님을 원망하며 배신할 것이 아닌가.

그럼 마리아같이 나를 사랑한다면 네 재산을 가난한 이웃에게 나누어주고 나를 따르라시면 어떻게 하나.

십일조는 천국 가는 세금 같고, IRS에 내는 세금에 비해 엄청나게 싸서 감사하면서 헌금할 수 있는데 감사 헌금에 여전히 인색하고 하나님 기념비, 우리 성전 짓는 건축 헌금엔 희생과 결단이 따르지 못한다.

불우한 이웃돕기에 정성이 부족하고 선교 소포가 제 때를 지나기 일쑤이다. 선교지의 고통당하는 형제를 위한 평화의 기도와 제단과 목사님 위한 기도가 습관일 때가 많다.

나 필요한 것 다 쓰고 남아서 내는 헌금이나 구제라면 주님도 기뻐 받으시지 않으련만…. 믿음과 마음의 중심을 보시는 주님이시기에 작은 두 냥, 그러나 그것이 전 재산일 수밖에 없던 가난한 과부의 헌금에 하나님의 구원과 축복이 임하지 않았던가.

화창한 주말 날씨에 대예배가 썰렁해지고 있다. 새벽기도는 목사님, 전도사님과 몇몇 집사님이 나대신 하겠지 하고, 온종일 생업에 바쁘다보니 피곤하여 수요예배엔 말씀 듣는 귀가 점점 줄어든다.

지난 부흥회 때 받았던 뜨거운 성령, 또 귀한 말씀과 풍성한 은혜는 우리 심령에 믿음의 뿌리를 내리지 못함인가.

아브라함에게 베푸신 축복과 당신을 생명을 다해 사랑하던 마리아에게 주신 그 구원은 네게도 똑같은 몫으로 주시건만 감사와 기쁨이 없으니 주님은 얼마나 섭섭하실까.

몇 백 번을 아니 평생을 용서해 주시고, 죄 사하시면 당신의 놀라운 사랑과 자비와 은혜의 바다로 나를 인도하시지만 안목의 정욕 이생의 자랑과 이기심, 또 '나'라는 교만으로 눈이 어두워져 오늘도 욕망의 구덩이를 파고 있는 것은 아닐까.

세월은 광음처럼 10년, 20년을 뛰어넘는데 하늘 정점이나 벌레 같은 하잘것없는 '나'라는 존재에 헛된 바람과 구름을 잡으려고 헤매다 주님의 음성을 듣지 못하면 어쩌나. 그래서 구원의 메시아를 만나지 못한 채 주님이 재림하시면 난 마치 열매 맺지 못한 무화가 나무가 찢어져 땅에 버려지듯이 되지 않을까.

비록 마리아처럼 귀중한 옥합에 향유를 드릴 만한 사랑과 헌신은 엄두도 못낼 지라도 늦기 전에 광야에 외치는 마가의 깨어서 회개하라는 구원의 소리를 듣고 일어나야겠다.

## 어머니의 기도

가정은 교회요 어머니는 그 가정에 하나님이 보내주신 성직자라고 한다. 주님이 각 가정마다 다 계실 수가 없어 어머니를 통하여 주님의 사랑과 자비 그리고 희생과 헌신을 담당하게 하셨다고 한다. 나도 자식을 낳아 기르지만 자식 된 몸으로 어찌 어머니의 그 사랑을 다 짐작하리요.

크리스쳔 집안이 아닌 가정에서 자랐던 나는 언덕 위에 자그마한 노란 흙담으로 지은 장로교회에 초등부 학생 때부터 참석하게 되었고 대학입시를 앞두고 성령을 체험한 뒤로는 혼자되어 사시는 어머니가 몹시 불쌍하여 어머니 영혼 구원이 내겐 절실하였다.

내 권고에도 불구하고 어머니는 어쩌다 교회에 나오시곤 하셨으나 내가 미국에 온 후 고모님의 강권으로 세례를 받으시고 예수님을 영접한 후 신앙생활을 하시게 되었다. 지난 정월 초에 나는 심한 디스크로 병상에 눕게 되었다. 미국에 오셔서 동생과 함께 지내시던 어머니는 올케가 직장을 쉬는 날이면 일주일에 2, 3일씩 오셔서 내 병간호와 살림을 돌보아주셨다.

 어머니는 새벽 4시에 일어나셔서 몸을 정갈하게 씻고 단정히 옷을 갈아입으시고 성경책 앞에 무릎을 꿇으시고 한 시간 이상을 기도하시었다. 나는 벽을 통하여 간간이 들려오는 어머니의 기도 소리를 들으면서 옅은 새벽잠에 빠지곤 했다.

 쓰지 못하는 내 왼쪽 다리를 쓸어주시면서 아침저녁으로 눈물의 기도를 하시며 얼마나 많이 주님께 간구하셨던고. 평생 저러다가 휠체어 타는 것이 아닐까 싶어 돌아서서 울먹이는 어머니는 볼 때마다 내 가슴도 억장이 무너졌다. 용하다는 의사의 치료를 다 받아 보았지만 넉 달이 지나도 회복은 고사하고 왼쪽 다리는 마비가 되어갔다.

 어머니는 내 병간호에 음식 수발에 잠시도 쉬지 않으셨다. 버스로 플러싱에 가서 장을 봐 오신 후 이것저것 준비하시느라 하루 종일 서서 일하시는 어머니 뒷모습을 바라보면서 '자식들이 무엇이시기에' 싶어 눈물이 솟았다.

 어머니의 헌신적인 사랑과 그 마음을 어느 자식이 다 헤아릴까보냐. 오남매 진자리 마른자리 다 갈아 키우시고 시집 장가 출가시킨 후 노인이 된 지금에도 당신 몸 안 아끼시고 베푸시는 그 사랑이 마치 우리를 위해 십자가에 매달리신 예수님 사랑과 다름 있겠는가.

주께서 우리에게 베푸신 많은 축복 가운데 어머니가 옆에 계심은 정말 귀한 은혜 같다. 주님은 각 사람의 믿음의 분량대로 각기 다른 은사를 우리에게 주셨는데 내 어머니는 사랑의 은사를 받으신 것 같다. 이웃 사랑과 도움에 아낌이 없고 주저 안 하시고 도와주신다.

"플러싱에 가서 김권사님과 점심하고 시장 봐 가지고 올게."

곱게 단장하시고 외출하시는 어머니가 귀티가 나고 아름답다. 오늘따라 유난히 외출하시는 어머니 모습이 눈물이 나도록 사랑스럽고 귀하기만 하여 "엄마. 이렇게 건강하실 때 하고 싶은 것 마음껏 하시고, 만나고 싶은 사람 다 만나고, 가고 싶고 먹고 싶은 것 다 하셔요."

미련한 자식은 어머니에게 근심이라고(잠 10:1) 흰 머리 난 이 나이가 되도록 이 못난 자식은 기쁜 일보다 궂은일과 병치레로 칠순이 넘는 어미에게 걱정만 안겨준다.

넉달 만에 돌쟁이 걸음마 배우듯 오뚝이처럼 뒤뚱거리는 내 꼴을 한심스러워 하는 내게 용기와 위로를 주시던 어머니, 샤워장에 굽힐 수 없는 몸을 간신히 추슬러 부들부들 떠는 내 몸을 붙들고 목욕을 시켜주시던 어머니의 손길을 어떻게 잊을 수가 있으랴.

해 저무는 저녁 문턱에 앉아 읍에 장보러 간 엄마를 기다리는 어린 계집애처럼 플러싱 가신 어머니를 기다리면서 주님께 감사드린다.

어머니! 사랑합니다. 어머니! 감사합니다. 어머니, 주 안에서 항상 기뻐하시고 건강하게 오래 오래 사세요.

2004년 2월 22일